Lo esencial
de la gramática
inglesa

Otros libros de L. Sue Baugh

Handbook for Business Writing

Handbook for Memo Writing

Handbook for Proposal Writing, en colaboración con
Robert Hamper

How to Write First-Class Letters

How to Write First-Class Business Correspondence

How to Write Term Papers and Reports

Strategic Marketing Planning, en colaboración con
Robert Hamper

Lo esencial de la gramática inglesa

Un manual práctico del inglés correcto

L. Sue Baugh

McGraw·Hill

New York   Chicago   San Francisco   Lisbon   London   Madrid   Mexico City
Milan   New Delhi   San Juan   Seoul   Singapore   Sydney   Toronto

Library of Congress Cataloging-in-Publication Data

Baugh, L. Sue.
    Lo esencial de la gramática inglesa : un manual práctico del inglés correcto /
L. Sue Baugh.
        p.   cm.
    ISBN 0-07-145890-5
    1. English language—Grammar.

    PE1112.B3318   2005
    428.2'461—dc22   2005047983

1 2 3 4 5 6 7 8 9 0   FGR/FGR   0 9 8 7 6 5

ISBN 0-07-145890-5

Traducción de Nuria Agulló
Diseño interior de Nick Panos

Libros editados por McGraw-Hill se pueden obtener con descuento especial con fines pro-
mocionales, o para uso en programas de formación de empresas. Para obtener más información al respecto, escribir al Director of Special Sales, Professional Publishing,
McGraw-Hill, Two Penn Plaza, New York, NY 10121-2298. O póngase en contacto con su
librería más cercana.

Este libro ha sido impreso en papel ecológico.

Índice

Introducción

Lo esencial de la gramática inglesa es una guía concisa de las reglas básicas de la gramática, el uso y el estilo del inglés. Pretende servir como una referencia útil tanto para las personas que lo usarán en consultas puntuales como para los que están aprendiendo el inglés como lengua extranjera. Proporciona una orientación rápida y cómoda de los fundamentos del inglés.

    Lo esencial de la gramática inglesa se divide en dos partes principales. La Parte I, "Lo esencial de la gramática", recoge las reglas y excepciones básicas para las partes de la oración, la puntuación, la construcción y tipos de frases, el uso de mayúsculas, las abreviaturas, los números, la ortografía y la división de palabras. La Parte II, "Consideraciones estilísticas", ofrece consejos sobre la redacción y la combinación de frases, la brevedad, la claridad, la precisión y el lenguaje género-inclusivo. Los apéndices contienen referencias adicionales.

Parte I: Lo esencial de la gramática

Capítulo 1, "Partes de la oración", se centra en los componentes constructivos del lenguaje y sus funciones gramaticales. Los ejemplos muestran el uso correcto de cada parte de la oración y alertan sobre errores comunes gramaticales. Este capítulo presta una especial atención a las formas y los tiempos verbales, algo que frecuentemente resulta problemático y confuso. Hace un resumen comprensivo de los seis tiempos básicos que se usan en el inglés, acompañado por una conjugación completa de un verbo regular.

    Capítulo 2, "La puntuación y sus normas", se centra en cómo puntuar las frases para lograr claridad y comprensión. Proporciona pautas específicas que muestran el uso correcto de cada signo de puntuación en varias situaciones.

Capítulo 3, "Frases y tipos de frase", describe los componentes de la frase inglesa y los cuatro patrones de frase que se usan para dar variedad y frescura a la redacción. Este capítulo puede ser especialmente útil para los que desean adquirir un estilo más expresivo.

Capítulo 4, "Uso de la mayúscula, abreviaturas y números", ofrece un estudio exhaustivo de estos tres temas, incluyendo el tratamiento de términos científicos y eruditos que normalmente no están incluidos en un texto de referencia breve.

Capítulo 5, "La ortografía y la división de palabras", trata otro tema que confunde a muchos redactores—cómo escribir y dividir las palabras correctamente cuando el inglés parece un laberinto de excepciones a las reglas. Las pautas para la ortografía y la división de palabras se presentan en reglas claras y sencillas acompañadas con ejemplos. Un rasgo distintivo de este capítulo es un listado abundante de los prefijos y sufijos más comunes del inglés, incluyendo sus orígenes, sus significados y su correcta ortografía cuando se unen a la raíz.

Parte II: Consideraciones estilísticas

Capítulo 6, "Las frases", contiene pautas sobre cómo redactar y combinar frases claras, interesantes y variadas.

Capítulo 7, "La brevedad", incluye reglas para la eliminación de lenguaje recargado y redundante.

Capítulo 8, "La claridad", introduce pautas que permiten elegir las mejores palabras para transmitir un significado. Se centra en el uso de lenguaje concreto, estructuras paralelas y referencias correctas, y en la eliminación o reducción de jerga.

Capítulo 9, "La precisión", ofrece sugerencias para ayudar a redactores a comprobar datos y otros detalles en sus escritos para que la comunicación sea precisa.

Capítulo 10, "El lenguaje género-inclusivo", ofrece pautas para el uso de términos no-sexistas, tratamientos sociales, saludos y profesiones.

Anexos

Se han incluido cuatro apéndices para la comodidad del lector:

- El Apéndice A presenta una lista de las partes principales de los verbos irregulares más comunes.

- El Apéndice B clarifica muchas combinaciones de verbo y preposición.

- El Apéndice C proporciona una lista de palabras que se confunden frecuentemente al sonar similares, pero que tienen distintos significados.

- El Apéndice D es una lista de palabras frecuentemente mal escritas, presentadas en su forma correcta.

Para su comodidad, *Lo esencial de la gramática inglesa* incluye un índice detallado, un glosario y un índice temático.

Agradecimientos

Me gustaría expresar mi agradecimiento a las siguientes personas por su valiosa aportación a la creación de este libro. Barrett Anders, Woodlands Academy of the Sacred Heart, y Dr. Robert Hausman, University of Montana, revisaron el manuscrito e hicieron numerosas sugerencias que mejoraron el texto. Quiero agradecerles de forma especial a los editores de McGraw-Hill Trade su ayuda en la elaboración del proyecto del contenido del libro y por su supervisión durante el proceso de edición. También quiero agradecer a Vilma Peña y a Nicole Chaparro su apoyo en la preparación de este libro.

Lo esencial de la gramática

La gramática inglesa puede resultar confusa, tanto si uno es angloparlante o si es estudiante del inglés como lengua extranjera. Las reglas y pautas presentadas en la Primera Parte le ayudarán a encontrar de una forma rápida y cómoda lo que necesita saber. En particular, las secciones sobre los verbos le ayudarán a usar cada uno de los tiempos en inglés.

Partes de la oración

Las partes de la oración son los bloques de construcción fundamentales del lenguaje. Incluyen los nombres, los pronombres, los verbos, los adjetivos, los adverbios, las preposiciones, las conjunciones y las interjecciones. En este capítulo definiremos cada parte de la oración y miraremos su función dentro de una frase.

Un buen diccionario es un recurso imprescindible para una buena comprensión de la pronunciación, la función gramatical, la ortografía y los diferentes significados de las partes de la oración. Véase la figura 1.1, que ilustra cada parte de la información que proporciona un diccionario sobre una palabra.

Un diccionario actualizado debería formar parte de cualquier biblioteca de referencia. Consúltelo siempre que tenga una pregunta o duda sobre ortografía, gramática o uso.

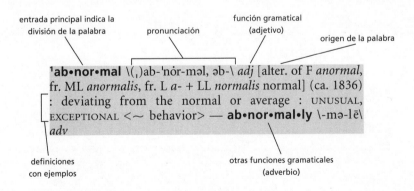

entrada principal indica la división de la palabra

pronunciación

función gramatical (adjetivo)

origen de la palabra

¹ab•nor•mal \(ˌ)ab-ˈnȯr-məl, əb-\ *adj* [alter. of F *anormal*, fr. ML *anormalis*, fr. L *a-* + LL *normalis* normal] (ca. 1836) : deviating from the normal or average : UNUSUAL, EXCEPTIONAL <~ behavior> — **ab•nor•mal•ly** \-mə-lē\ *adv*

definiciones con ejemplos

otras funciones gramaticales (adverbio)

FIGURA 1.1 Ejemplo de una entrada de diccionario

Usado con permiso. De *Merriam-Webster's Collegiate® Dictionary*, undécima edición © 2004 de Merriam-Webster, Incorporated (www.Merriam-Webster.com).

El nombre

Un *nombre* se refiere a una persona, un lugar o una cosa (un objeto, un concepto, una idea o un acontecimiento).

Persona	Lugar	Cosa
ballplayer	stadium	glove
child	school	education
conductor	theater	performance
manager	company	excellence

Los nombres propios, comunes y colectivos

Los *nombres propios* llevan mayúscula, y nombran a personas, lugares o cosas. Los *nombres comunes* identifican categorías generales y no llevan mayúscula, incluso cuando acompañan a un nombre propio (*IBM machines, Minolta cameras*). Los *nombres colectivos* se refieren a un grupo de personas, animales, objetos u otras categorías.

Propio	Común	Colectivo
Texas A&M	university	trustees
Google	company	management
Julia Roberts	woman	(movie) cast
Nemo	fish	school
U.S.S. *Enterprise*	ship	fleet

El uso del nombre

El nombre se puede usar como sujeto, como objeto directo o indirecto de un verbo, como objeto de una preposición o como un adverbio o un adjetivo. Los nombres también pueden indicar posesión.

Sujeto: The **mail carrier** always rings twice. **Violets** are spring flowers. (indica *quién* o *qué* hace o es algo)

Objeto directo: I finally sold my **car**. (indica *qué* se vende)

Objeto indirecto: Harold fed the **cat** another olive. (indica *a quién* ha dado de comer la aceituna)

Objeto de preposición: She gave directions over the **phone**. (indica *qué* es el objeto de la preposición *over*)

Adverbio: The train leaves **today**. (indica *cuándo*) ·

Adjetivo: The **office** building faces the mall. (indica *qué tipo, cuál*)

Posesión: The **parrot's** cage needs cleaning. My **father's** brother is my uncle. (indica *propiedad* o *relación*)

La forma plural

El plural de la mayoría de los nombres se forma añadiendo una *s* al singular. Véase la sección sobre el Plural en las páginas 128-133 para otras formas del plural, como *es* e *ies*.

Singular	Plural
highway	highways
bagel	bagels
base	bases

Los nombres colectivos. Los nombres colectivos pueden ser singular o plural dependiendo de cómo se usen. Cuando el grupo actúa como una unidad, el nombre se considera singular. Cuando son los miembros individuales del grupo los que actúan, el nombre es plural.

Singular: The **management agrees** with the new president.
Plural: The **management have** expressed different views.
Singular: The **family is** celebrating three birthdays this month.
Plural: The **family are** taking separate vacations.

Véase la sección sobre el Plural en las páginas 128-133 para una explicación más detallada sobre los nombres plurales.

La forma posesiva

Los *nombres posesivos* se usan para indicar propiedad o relación.

El posesivo singular. Se forma el posesivo de un nombre singular añadiendo *'s* al nombre. (Véase la página 57 para una explicación detallada sobre el uso del apóstrofe para indicar posesión.)

Singular	Posesivo singular
boy	the boy's iPod
hurricane	the hurricane's path

El posesivo plural. Con un nombre plural que termine en *s* o *es*, se forma el posesivo añadiendo un apóstrofe al final de la palabra.

Plural	Posesivo plural
sons	my sons' children
ships	the ships' escorts

Con los nombres que forman el plural de cualquier otra forma, se añade *'s* al final de la palabra.

Plural	Posesivo plural
children	children's toys
women	women's shoes
men	men's suits

¿Singular o plural? Siga esta regla sencilla para determinar si el apóstrofe va antes o después de la *s*: exprese de otra manera la frase sustituyendo una locución con *of* por el nombre posesivo para determinar si el nombre es singular o plural.

The (team's, teams') colors were on display.

Locución con *of*	Forma posesiva
colors of the team (singular)	team's colors
colors of the teams (plural)	teams' colors

Posesión individual y colectiva. Para indicar posesión individual, a los dos nombres de la frase se les pone en el posesivo. Para indicar posesión colectiva, se le pone el posesivo sólo al *último* nombre.

Posesión individual: Mark's and Arlene's cell phones were stolen. (Ambas personas tenían un teléfono móvil que fue robado.)

Posesión colectiva: Mark and Arlene's cell phone was stolen. (El teléfono móvil pertenecía a Mark y a Arlene.)

En el caso de posesión individual, el nombre que sigue al posesivo es generalmente plural (*cell phones*). Cuando se trata de posesión colectiva, el nombre es normalmente singular (*cell phone*). Fíjese en esta pista a la hora de decidir si usar la forma posesiva colectiva o individual.

El pronombre

El *pronombre* reemplaza uno o más nombres o a un grupo de palabras en una frase. Igual que el nombre, el pronombre se puede usar para referirse a una persona, un lugar o una cosa.

The coach described several key plays. **He** wanted the team to memorize **them**. (*He* reemplaza *coach*; *them* reemplaza *several key plays*.)

My car, which is in the garage, is getting too old for these winters. I should sell **it**. (*It* reemplaza *my car, which is in the garage*.)

La palabra o locución que el pronombre reemplaza se llama el *antecedente* del pronombre. En las frases anteriores, *coach* es el antecedente de *he*, y *my car, which is in the garage*, es el antecedente de *it*. (Véase las páginas 12-13 para más información sobre el antecedente.)

Los pronombres se clasifican como *personales, enfáticos/reflexivos, indefinidos, posesivos, relativos, interrogativos y demostrativos*.

Los pronombres personales

Los *pronombres personales* se pueden usar de varias formas. Pueden ser el sujeto de una frase, el objeto de un verbo o de una preposición, o indicar posesión, poner énfasis (los llamados pronombres *enfáticos*) o referir la acción al sujeto (los llamados pronombres *reflexivos*).

Sujeto: **She** is simply too good to be true.
Objeto: Tell **him** the parakeet died. (objeto de un verbo)
Break the news to **him** gently. (objeto de una preposición)
Posesivo: **Your** hands are warm. Where did **my** glasses go?
Enfático: The quarterback **himself** changed the call. (El pronombre *himself* enfatiza el sujeto *quarterback*.)
Reflexivo: Jane taught **herself** to use the scanner. We made the reservations **ourselves**. (Los pronombres *herself* y *ourselves* refieren la acción a los sujetos.)

El caso de los pronombres personales

Los *pronombres personales* tienen tres casos: nominativo (sujeto), posesivo y objetivo (objeto de un verbo o de una preposición). La siguiente tabla muestra todos los casos de los pronombres personales, incluyendo las formas enfáticas/reflexivas, para la primera persona (*I, we*), la segunda persona (*you*) y la tercera persona (*he, she, it, they*).

Persona	Caso	Singular	Plural
Primera	nominativo	I	we
	posesivo	my/mine	our/ours
	objetivo	me	us
	enfático/reflexivo	myself	ourselves
Segunda	nominativo	you	you
	posesivo	your/yours	your/yours
	objetivo	you	you
	enfático/reflexivo	yourself	yourselves
Tercera	nominativo	he/she/it	they
	posesivo	his/her, hers/its	their/theirs
	objetivo	him/her/it	them
	enfático/reflexivo	himself/herself/itself	themselves

Los pronombres indefinidos

Los *pronombres indefinidos* se refieren a personas o cosas no especificadas. Muchos pronombres indefinidos expresan alguna noción de cantidad: *all, several, few, none.* A continuación se ofrece una lista de los pronombres indefinidos más comunes.

all	each	most	other
another	either	neither	several
any	everybody	nobody	some
anybody	everyone	none	somebody
anyone	few	no one	someone
both	many	one	such

The board of directors needed a new president for the company. They appointed **someone** from outside the firm. (*Someone* reemplaza *new president.*)
Do you have any fantasy novels in your library? Yes, we have a **few.** (*Few* reemplaza *fantasy novels.*)

Los pronombres posesivos

Los *pronombres posesivos,* a diferencia de los nombres posesivos, nunca llevan apóstrofe. Las formas posesivas son *my/mine, our/ours, your/yours, his/her, hers/its, their/theirs,* como se indica en la tabla de la página 8. El pronombre *who* también tiene una forma posesiva, *whose.*

Whose gym shoes are on the floor?
I thought **my** wallet was lost, but the one Jameel found was **mine.**
Our vacation starts next week.
Those four suitcases are **ours.**
How can we get **your** dog to obey?
Is this **yours**?
Jerry Seinfeld never seems to lose **his** timing.
You have to take either **her** car or **theirs. Hers** is better.
The lawyers knew **their** client was probably guilty.

Los pronombres posesivos vs. las formas contraídas. Los pronombres posesivos se confunden a menudo con las contracciones formadas por pronombres y verbos que suenan similar a ellos (*its/it's, whose/who's, your/you're, their/they're*). Hay una regla fácil para evitar esta confusión: los pronombres posesivos nunca llevan apóstrofe.

Los pronombres que llevan apóstrofe son contracciones formadas por el pronombre y el verbo. (*it's = it is; they're = they are*).

its	The shuttle fired **its** engines. (posesivo)
it's	**It's** (*it is*) an awesome sight. (contracción)
whose	**Whose** video game is this? (posesivo)
who's	We need to know **who's** (*who is*) coming. (contracción)
	Who's (*who has*) been eating my fudge? (contracción)
your	Can I use **your** fax machine? (posesivo)
you're	**You're** (*you are*) welcome to try it. (contracción)
their	The Jaguar is **their** best car. (posesivo)
they're	**They're** (*they are*) the top racing team. (contracción)

Los pronombres posesivos y los gerundios. El gerundio es una forma verbal que termina en *ing* y que actúa como un nombre. En la frase *Skiing is a wonderful sport*, *skiing* es un gerundio que actúa como sujeto. Si un pronombre precede al gerundio, el pronombre normalmente va en la forma posesiva.

Bill told me about **his snowboarding** down a mountainside.
She liked **my calling** her before I came over.
Her winning the lottery stunned us all.

La excepción a esta regla ocurre cuando el pronombre sigue a verbos como *see*, *hear* y *watch*. En este caso, se usa la forma objetiva del pronombre.

We didn't see **him leaving** the house.
The whole neighborhood heard **us playing** Nirvana.

Los pronombres relativos

Los *pronombres relativos* se usan para evitar la repetición del nombre dentro de una frase. Son especialmente útiles cuando una oración está incluida dentro de otra, para no cometer errores gramaticales.

Los pronombres relativos *who, whom* y *whose* se refieren a personas y animales, mientras que *which* y *of which* se refieren a cosas. *That* puede referirse a personas o cosas.

> This violin, **which** he learned to play as a child, is a valuable instrument. (Usar *which* evita la repetición del nombre—*This violin, the violin he learned to play*.)
> The woman **who** bought the suit returned it the next day. (*The woman she* no sería gramatical.)

Los pronombres interrogativos

Los *pronombres interrogativos who, whom, whose, what* y *which* introducen preguntas. *Who, whom* y *whose* indican que la pregunta se refiere a una persona o a un animal; *what* se refiere a un objeto, una idea o un acontecimiento; y *which* indica una persona o una cosa.

> **Who** called last night?
> **What** is your earliest memory?
> You can have a latte or a café mocha. **Which** do you want?

Los pronombres demostrativos

Los *pronombres demostrativos* generalmente indican cercanía o distancia del locutor, bien literal o simbólicamente. *This, these, that* y *those* normalmente se refieren a un nombre, pronombre u oración concretos. No obstante, a veces la referencia es a un grupo de personas u objetos más que a un antecedente concreto.

This is my driver's license, and **that** is my credit card. (El carné de
conducir está más a mano.)

I don't envy **those** stuck at the airport tonight. (*Those* no tiene un
antecedente concreto, sino que se refiere a un grupo de personas:
todos aquellos que están retenidos en el aeropuerto.)

La concordancia entre el pronombre y su antecedente

El antecedente, como mencionamos previamente, es la palabra o locución
a la cual el pronombre se refiere. El pronombre debe concertar con el
antecedente en cuanto a persona, caso y número.

La concordancia en persona

Incorrecto: The designer should know Quark thoroughly.
Otherwise, **you** will have trouble creating book pages.
(El pronombre *you* está en la segunda persona, mientras
que su antecedente *designer* está en la tercera persona.
Por lo tanto el pronombre correcto es la tercera persona
he o *she*.)

Correcto: The designer should know Quark thoroughly.
Otherwise, **he** or **she** will have trouble creating book
pages.

La concordancia en caso

Incorrecto: Is that Shaneel and Donna over there? Yes, it's **them**. (El
caso objetivo *them* es incorrecto. El caso nominativo
they es la forma correcta, aunque pueda sonar extraño.)

Correcto: Is that Shaneel and Donna over there? Yes, it's **they**.

La concordancia en número

Incorrecto: The data are obsolete and should be replaced. We can't
use **it** any longer. (El nombre plural *data* es el
antecedente y requiere el pronombre plural *them*.)

Correcto: The data are obsolete and should be replaced. We can't
use **them** any longer.

El uso impreciso de los pronombres. El pronombre debe referirse a un antecedente concreto. Muchas veces se emplean mal los pronombres *this, that, which, it* y *they* al hacerlos referirse a frases o ideas enteras. Tales errores pueden llegar a confundir al lector y se deben evitar.

Impreciso:	He wanted to raise the walls, put on the roof, and hang the doors all in one day. **This** was unrealistic. (El pronombre *this* se refiere a una frase y no a un antecedente concreto.)
Preciso:	His schedule was to raise the walls, put on the roof, and hang the doors all in one day. **This** was unrealistic. (El pronombre ahora se refiere al antecedente *schedule*.)
Impreciso:	The engineer asked for a meeting to discuss the new contract. I told her we couldn't do **that**. (El antecedente del pronombre *that* no está claro. ¿Es la reunión o discutir sobre el contrato lo que el locutor rehúsa?)
Preciso:	The engineer asked if we could meet at her office. I told her we couldn't do **that**. (En esta frase *that* se refiere a la oración *meet at her office.*)

Los dobles antecedentes. Cuando *and* une a dos antecedentes, se usa un pronombre plural. Si los antecedentes están unidos por *nor* o *or*, o si forman una unidad (*ham and eggs*), se usa un pronombre singular.

An elm and a maple tree cast **their** shadows across the lawn.
Neither **Harriet nor Claire** has **her** keycard today.
Research and Development had **its** budget slashed this year.

¿Who *o* whom?

El uso apropiado de *who* o *whom* ha confundido a redactores durante años. En el uso moderno, la tendencia es suprimir el más formal *whom* y usar *who* en todos los casos. A continuación se ofrecen las reglas para el uso de estos dos pronombres.

1. **Who** se usa como el sujeto de una frase o de una oración (un grupo de palabras que contiene un sujeto y un verbo) y nunca como el objeto.

   Who said we wouldn't make a profit? (*Who* es el sujeto de la frase.)
   Can you tell **who** is talking right now? (*Who* es el sujeto de la oración.)
   The job goes to **whoever** answers the ad first. (*Whoever* es el sujeto de la oración.)

2. **Whom** se usa siempre como el objeto de un verbo o de una preposición. Nunca se usa como el sujeto.

   Address the letter "To **Whom** It May Concern." (*Whom* es el objeto de la preposición *to*.)
   Whom did you see at the opera? (*Whom* es el objeto del verbo *see*.)
   Are there any singers **whom** you would recommend? (*You* es el sujeto del verbo *recommend*; *whom* es el objeto del verbo.)
   The job goes to **whomever** you call first. (*Whomever* es el objeto del verbo *call*. *You* es el sujeto. Compare esta frase con la frase que contiene *whoever*.)

El verbo

Los *verbos* son palabras o grupos de palabras que expresan una acción, un estado, o una condición. Proporcionan fuerza y dinamismo a las frases.

They **smashed** through the door. (acción)
The ambassador **filed** a formal protest. (acción)
Shawn **seems** unhappy today. (estado)
The truck **looks** almost new. (condición)

Los verbos que expresan un estado o una condición se llaman *verbos copulativos*. Estos verbos conectan el sujeto con un nombre, pronombre o adjetivo que lo describe o identifica. La palabra o palabras relacionadas con el sujeto se llaman el *complemento sujeto*. En general, un verbo es copulativo si se puede sustituir por alguna forma del verbo *seem*.

You **look** (*seem*) calm enough—are you?

She **felt** (*seemed*) ill at ease in the doctor's office.

El verbo copulativo más común es *be* y sus formas *am, is, are, was, were, being* y *been*. A continuación se ofrece una lista de otros verbos copulativos comunes:

Verbos copulativos comunes

appear	grow	remain	sound
become	hear	seem	stay
feel	look	smell	taste

Las formas verbales básicas

Unas pocas formas verbales constituyen la base de todos los tiempos y estructuras verbales. Estas formas son las siguientes:

Forma base:	Children **play** in the park.
Infinitivo:	Tell them **to play** here.
Pasado:	They **played** all day yesterday.
Participio de pasado:	He has **played** too long.
Participio de presente:	I am **playing** with her today.
Gerundio (nombre verbal):	**Playing** is children's "work."

Los verbos auxiliares

Los participios de pasado y de presente también se usan en conjunción con otras palabras para construir formas verbales compuestas: *has played, am playing*. Los verbos que acompañan a estos participios se llaman *verbos auxiliares*. Indican un cambio de tiempo (*he walked, he has walked*) o un cambio de voz (*we told, we were told*). A continuación se ofrece una lista de los verbos auxiliares más comunes.

Auxiliar	Auxiliar + verbo principal
has/have	The jury **has rendered** a verdict.
	The defendants **have heard** the sentence.
is/are	The satellite **is boosting** the signal.
	They **are receiving** it in Hawaii.
can/could	He **can operate** in the morning.
	The patient **could come** home in a week.
should/would	The flight **should land** in New Jersey.
	We **would like** to arrive in New York.
do/did	I **do remember** you.
	We **did meet** last week.
will/shall	I **will tell** them to take the furniture away.
	Shall we **buy** the stuffed moose?
must/ought	They **must report** any suspicious activity.
	She **ought to call** the security guard.

Los tiempos verbales

Los tiempos verbales nos permiten situar una acción o estado en el pasado, el presente o el futuro (*I called, I call/I am calling, I will call*). También nos permiten hablar de la intención, lo que se hubiera hecho, se podría hacer o se debería hacer (*I would have called, I can call, I will have called*).

Usar el tiempo correcto es importante para comunicar con precisión y claridad tanto la intención como el tiempo de una acción o estado. Los diferentes tiempos en inglés se forman usando los componentes básicos del verbo.

Forma base:	march
Pasado:	marched
Participio de presente:	marching
Participio de pasado:	marched
Verbos auxiliares:	am (was) marching, have (had) marched, will march

Hay verbos regulares e irregulares en el inglés. Aprenda las formas verbales básicas para crear los tiempos verbales correctos y no confundir los tiempos en la redacción.

Los verbos regulares

Los *verbos regulares* siguen el mismo patrón a la hora de cambiar de un tiempo a otro. El inglés tiene seis tiempos básicos: *el presente simple (Present), el pasado simple (Past), el futuro simple (Future), el pretérito perfecto (Present Perfect), el pretérito pluscuamperfecto (Past Perfect)* y *el futuro perfecto (Future Perfect)*. Además, se usan las formas progresivas y condicionales para funciones especiales. La *forma progresiva (I am singing, I was singing, I will be singing)* se usa para indicar la continuidad de una acción más que su conclusión. Por ejemplo, compare *I wrote a letter* con *I was writing a letter*. La primera frase indica simplemente que una acción fue concluida en el pasado, mientras que la segunda sugiere que la acción está relacionada con otro hecho. Los adverbios se usan a menudo con las formas progresivas para resaltar la continuidad de la acción o del estado (*He is always singing in the shower*). Las formas progresivas se pueden usar con los seis tiempos. La *forma condicional (I can sing, I could sing, I could have sung)* comunica la intención de hacer o ser algo.

A continuación se ofrece la conjugación completa del verbo *to watch*, seguida de una explicación sobre el uso de cada tiempo.

Presente simple

	Singular	Plural
Primera persona:	I watch	we watch
Segunda persona:	you watch	you watch
Tercera persona:	he/she/it watches	they watch

Presente progresivo: I am (you are) watching, etc.
Presente condicional: I can (I could) watch, etc.

Pasado simple (forma base del verbo + *d* o *ed*)

	Singular	Plural
Primera persona:	I watched	we watched
Segunda persona:	you watched	you watched
Tercera persona:	he/she/it watched	they watched

Pasado progresivo:	I was watching, etc.
Pasado condicional:	I could have watched, etc.
	I could have been watching, etc.

Futuro simple (*will* o *shall* + la forma base del verbo)

	Singular	Plural
Primera persona:	I will (shall) watch	we will (shall) watch
Segunda persona:	you will watch	you will watch
Tercera persona:	he/she/it will watch	they will watch

Futuro progresivo:	I will (shall) be watching, etc.

Pretérito perfecto (*have* o *has* + el participio de pasado)

	Singular	Plural
Primera persona:	I have watched	we have watched
Segunda persona:	you have watched	you have watched
Tercera persona:	he/she/it has watched	they have watched

Forma progresiva:	I have been watching, etc.

Pretérito pluscuamperfecto (*had* + el participio de pasado)

	Singular	Plural
Primera persona:	I had watched	we had watched
Segunda persona:	you had watched	you had watched
Tercera persona:	he/she/it had watched	they had watched

Forma progresiva: I had been watching, etc.

Futuro Perfecto (*will have* o *shall have* + el participio de pasado)

	Singular	Plural
Primera persona:	I will (shall) have watched	we will (shall) have watched
Segunda persona:	you will have watched	you will have watched
Tercera persona:	he/she/it will have watched	they will have watched

Forma progresiva: I will have been watching, etc.

El uso de los seis tiempos

Los seis tiempos indican diferencias en el tiempo de una acción o un estado, y usar diferentes tiempos cambia el significado de una frase.

El presente. El presente se usa para expresar una acción o contar un hecho que transcurre en el momento actual. El presente se puede formar también usando verbos auxiliares para poner énfasis o expresar intención.

I live here. (simple)
I am living here. (progresivo)
I do live here. (enfático)
I can live here. (condicional)

El presente simple se usa también para indicar una acción habitual o algo que siempre es verdad.

She **goes** out every evening.
My grandfather believed that silence **is** (en vez de *was*) golden.

A veces se usa el presente simple para reseñar el contenido de un libro o describir acontecimientos pasados y así hacer que resulten más vivos para el lector. Esta forma del presente se conoce como el *presente literario* o *histórico*.

In his book on Alexander the Great, the Greek historian Arrian
  dismisses romantic legend and **concentrates** on sifting truth from
  fiction.

El pasado. El pasado se usa para expresar una acción o hacer una
declaración sobre algo que transcurrió en el pasado y no continúa en el
presente.

I **lived** there. (simple)
I **was living** there while I was in school. (progresivo)
I **did live** there. (enfático)

El futuro. El futuro se usa para expresar una acción o hacer una
declaración sobre algo que transcurrirá en el futuro.

I **will** (**shall**) live there. (simple)
I **will be living** there. (progresivo)
I **am going to be living** there. (progresivo)
I **can be living** there. (condicional)

La distinción entre *will* y *shall* ya casi no se aprecia. Los dos verbos se
pueden usar indiferentemente para el futuro simple en la primera persona.
No obstante, en algunos casos, como el de pedir permiso o consentimiento,
sólo se usa *shall*.

Shall we go to the movie?
Shall I put the box here?

Usar *will* en estas frases cambiaría el significado. Salvo estos usos especiales, *will* y *shall* son intercambiables.

I *shall* call him.
I *will* call him.

Los tiempos perfectos. Los tiempos perfectos describen acciones o estados que transcurrieron en un tiempo pero que se ven en relación a otro

tiempo. Por ejemplo, *I gave a donation to the Girl Scouts* es una declaración sencilla sobre un hecho pasado y se usa para contar algo que transcurrió en el pasado. *I have given a donation to the Girl Scouts* relaciona este hecho pasado al presente y se usa para sugerir una acción habitual o continua.

El pretérito perfecto. El pretérito perfecto se usa para expresar una acción o hacer una declaración sobre algo que transcurrió en un tiempo indefinido del pasado o algo que transcurrió en el pasado y continúa hasta el presente.

I **have lived** here for a long time. (simple)
I **have lived** here for three months. (El locutor sigue viviendo allí.)
I **have been living** here for three months. (progresivo)
I **could have been living** here instead of where I am now.
(condicional)

El pretérito pluscuamperfecto. El pretérito pluscuamperfecto se usa para expresar una acción o hacer una declaración sobre algo concluido en el pasado antes de otra acción o hecho en el pasado.

After I **had lived** here for three months, they raised the rent. (simple)
After I **had been living** here for three months, they raised the rent.
(progresivo)

El futuro perfecto. El futuro perfecto se usa para expresar una acción o hacer una declaración sobre algo que será concluido en el futuro antes de alguna otra acción o hecho en el futuro.

By this October, I **will have lived** here for six months. (simple)
By this October, I **will have been living** here for six months.
(progresivo)

Los verbos irregulares

Con los *verbos irregulares* no hay reglas fijas para formar los tiempos pasado, presente y futuro. Es necesario memorizarlos o consultar su diccionario. Véase el Apéndice A para una lista de los verbos irregulares más comunes. A continuación se ofrecen unos ejemplos de verbos irregulares comunes que muestran sus diferentes formas.

Forma base	Pasado	Participio de pasado	Participio de presente
be	was	been	being
break	broke	broken	breaking
fly	flew	flown	flying
lie (con el significado *tumbar*)	lay	lain	lying
ring	rang	rung	ringing

Errores comunes en el uso de los tiempos

Hablando, a menudo se mezclan los tiempos o se usa la forma verbal incorrecta. Aunque estos errores se pueden ignorar en una conversación, resaltan mucho en la comunicación escrita. Pueden llegar a confundir al lector o el tono del mensaje. Estudie las frases incorrectas y correctas siguientes:

1. Use la forma verbal correcta con cada tiempo.

Incorrecto: He checked on the order and **has went** to pick it up.
Correcto: He checked on the order and **has gone** to pick it up.
(*Gone* es el participio de pasado del verbo *to go* y es la forma correcta para usar con el verbo auxiliar *has*. *Went* es el pasado y es incorrecto.)
Incorrecto: I **done** the work last night and handed it in this morning.
Correcto: I **did** the work last night and handed it in this morning. (*Done*, el participio de pasado, es incorrecto—el verbo debe estar en el pasado *did*.)
Incorrecto: Barb and Louise **have ordered** the tickets, **wrote** their friends about the concert, and **gave** away pictures of the band.

Correcto: Barb and Louise **have ordered** the tickets, **written** their friends about the concert, and **given** away pictures of the band. (El verbo auxiliar *have* requiere el participio de pasado para cada verbo en esta frase—*have ordered*, [*have*] *written*, [*have*] *given*. *Wrote* y *gave* son formas del pasado y son incorrectos.)

Incorrecto: The book **is** fascinating reading. It **provided** a detailed study of how cultures **were created**.

Correcto: The book **is** fascinating reading. It **provides** a detailed study of how cultures **are created**. (El redactor se refiere al libro en el presente en la primera frase. Todas las referencias que siguen deberían estar también en el presente literario o histórico.)

2. Para describir dos hechos en el pasado que no transcurrieron al mismo tiempo, se usa el pretérito pluscuamperfecto para referirse al hecho o a la acción que transcurrió en el pasado más distante.

Incorrecto: I suddenly **remembered** (pasado) that I **left** (pasado más distante) my purse at the office.

Correcto: I suddenly **remembered** (pasado) that I **had left** (pretérito pluscuamperfecto) my purse at the office. (Como *dejar la bolsa en el despacho* precedió el recuerdo del hecho, se usa el pretérito pluscuamperfecto *had left*.)

Incorrecto: Apartments **now existed** (pasado) where a city dump **was** (pasado más distante). (Usar el pasado para ambos verbos sugiere que los apartamentos y el vertedero coexistieron allí.)

Correcto: Apartments **now existed** (pasado) where a city dump **had been** (pretérito pluscuamperfecto). (El pretérito pluscuamperfecto deja claro que el vertedero precedió a los apartamentos.)

3. No se usa *would have* en "oraciones con *if*" que expresan el anterior de dos acciones en el pasado. Se usa el pretérito pluscuamperfecto.

Incorrecto: If he **would have thought** of it, he would have asked you to ride with us.

Correcto: If he **had thought** of it, he would have asked you to ride with us.

Incorrecto: If I **would have studied** harder, I'd have passed the course.

Correcto: If I **had studied** harder, I'd have passed the course.

4. Se usa el infinitivo presente (*to play, to see*, etcétera) para expresar una acción que *sigue a* otra acción.

Incorrecto: I was disappointed because I had hoped **to have gone** with you. (¿Esperaba el locutor *haber ido* o *ir*?)

Correcto: I was disappointed because I had hoped **to go** with you. (El infinitivo presente *to go* es la forma correcta porque la acción que expresa sigue al verbo *had hoped*.)

Incorrecto: She intended **to have visited** all her relatives. (¿Tenía la intención *de haber visitado* o *de visitar*?)

Correcto: She intended **to visit** all her relatives.

5. Se usa el infinitivo perfecto (*to have written, to have seen*, etcétera) para expresar una acción que precede a otra acción.

Correcto: He was happy **to have seen** Ralph. (El locutor vio a Ralph primero; y luego se alegró de haberlo visto. Por lo tanto el infinitivo perfecto *to have seen* es la forma correcta en este caso.)

6. En las locuciones participiales, se usa *having* con el participio de pasado para expresar una acción anterior a otra.

Incorrecto: **Giving** my bike to Angela, I couldn't ride to the beach later that day. (El participio de presente *giving* se usa aquí de forma incorrecta para expresar una acción concluida antes de la segunda acción en la frase.)

Correcto:	**Having given** my bike to Angela, I couldn't ride to the beach later that day.
Incorrecto:	**Painting** the front porch, he slept the rest of the day.
Correcto:	**Having painted** the front porch, he slept the rest of the day. (Pintó el porche antes de acostarse. También se podría expresar esto con la frase *After painting the front porch, he slept all day.*)

El modo

Los verbos se pueden usar para expresar diferencias en la intención o el *modo* del locutor o redactor. Existen tres modos en inglés: el indicativo, el imperativo y el subjuntivo. Cada uno tiene un uso especial.

El *modo indicativo* se usa cuando el locutor o redactor quiere hacer una declaración o pregunta.

He **is leaving** tomorrow.
Does this plane **fly** to London?

El *modo imperativo* se usa para órdenes o peticiones.

Call Fredericks and **cancel** that shipment.
Please **return** the book to the library.
Turn right at the corner, and then **go** left.

El *modo subjuntivo* usa una forma distinta del pasado y presente para expresar urgencia, formalidad, posibilidad o especulación.

Urgencia:	I demanded that she **see** me immediately. (El modo indicativo usaría la forma *sees* o *can see*—por ejemplo, I want to know if she *can see* me immediately.)

Formalidad:	He recommended that the zoning law **be** adopted. (El modo indicativo usaría *is adopted*—por ejemplo, the vote is 44 to 3; the law *is adopted*.)
Posibilidad:	If I **were** to sign the contract, we could not sell our own CDs. (La oración *If I were to sign* expresa una posibilidad en el futuro. No tiene ninguna referencia al pasado, aunque *were* es una forma de pasado. Compare esta frase con *Because I signed the contract, we could not sell our own CDs*. En esta frase, el modo indicativo describe una acción que transcurrió en el pasado.)
Especulación:	If he **were** king, he would make football the national pastime. (El modo subjuntivo expresa algo que no es verdad, una declaración contraria a la realidad. El modo indicativo, por su parte, simplemente expresa un hecho—por ejemplo, *If he was the king, then his brother was a prince*.)

Las voces activa y pasiva

Si el sujeto de la frase realiza una acción, el verbo está en *voz activa*. Si el sujeto recibe la acción, el verbo está en *voz pasiva*.

Voz activa:	She **sold** a box of candy. (El sujeto *she* realiza la acción.)
Voz pasiva:	She **was sold** a box of candy. (El sujeto *she* recibe la acción.)
Voz activa:	We **have delivered** the mail. (El sujeto *we* realiza la acción.)
Voz pasiva:	The mail **was delivered** by us. (*Mail* ahora es el sujeto y recibe la acción.)

La voz activa proporciona interés y dinamismo al mensaje. En general, use la voz activa. Evite construcciones pasivas débiles y deslucidas o párrafos largos en los que todos los verbos son pasivos. No obstante, la voz pasiva sí desempeña un papel importante. Se usa para expresar una acción cuyo agente es desconocido, cuando se requiere un tono más objetivo o diplomático, o cuando uno no desea revelar la identidad del agente.

Voz activa:	Jim **locked** the front door before we left home.
Voz pasiva:	The front door **had been locked** before we left home.
Voz activa:	Our sales manager **made** a mistake in completing your order.
Voz pasiva:	A mistake **was made** in completing your order.
Voz activa:	We **have examined** your application and **must decline** your request for credit.
Voz pasiva:	Your application **has been reviewed** and at this time your request for credit **must be declined**.

En el último ejemplo, la voz pasiva destaca el receptor de la acción y minimiza el papel desempeñado por el redactor. Usar la voz pasiva hace que la decisión parezca dirigida al lector de una forma menos personal. El locutor luego puede hablar de los motivos por los cuales la solicitud fue rechazada.

La concordancia entre sujeto y verbo

Igual que el pronombre tiene que concertar con su antecedente en persona, caso y número, el verbo también debe concertar con el sujeto en persona y número.

El *sujeto en primera persona* es la persona o personas que hablan en una frase (*I, we*). El *sujeto en segunda persona* es aquella o aquellas personas a las que nos dirigimos (*you, you*). El *sujeto en tercera persona* se refiere a la persona o la cosa de la cuál se habla y puede ser un nombre o un pronombre en la tercera persona *(he, she, it, they)*.

La concordancia en persona

Primera:	**I am** hot. **We are** cold.
Segunda:	**You look** fantastic.
Tercera:	The **car rusts**. **She drives** fast. **They laugh** a lot.

El verbo debe concertar con el sujeto en número. Por lo tanto, un sujeto singular requiere un verbo singular; y un sujeto plural un verbo plural.

La concordancia en número

Singular	Plural
The **window is** open.	The **windows are** open.
She walks quickly.	**They walk** quickly.
I am going home.	**We are** going home.
You **can come** along.	All of you **can come** along.

Casos especiales de la concordancia entre sujeto y verbo

Los sujetos compuestos, los nombres colectivos y los nombres plurales usados como títulos de cursos o asignaturas pueden crear confusión en cuanto a la concordancia entre el sujeto y el verbo. A continuación le damos unas pautas para el uso del verbo singular o plural en tales casos.

Los sujetos compuestos unidos por *and*—verbo singular. Se usa el verbo singular para sujetos compuestos unidos por *and* (1) cuando el sujeto se considera una unidad (research and development) o (2) cuando ambas partes del sujeto son precedidas de *each* o *every*.

The **secretary and treasurer has** filed the minutes. (El secretario y el tesorero es una persona.)
Each player and **every** team **receives** a prize for competing in the games.

Sujetos compuestos unidos por *and*—verbo plural. Salvo en los casos ya mencionados, los sujetos compuestos unidos por *and* van seguidos por un verbo plural.

Rain and snow were falling at the same time.
Tom and Samira have resigned as coleaders.
There **are one book and two paintings** on the floor.
Are the computer and the printer compatible?

Los sujetos compuestos unidos por *or* o *nor*—verbo singular. Se usa el verbo singular (1) si el sujeto junto al verbo se considera singular o (2) si las dos partes del sujeto son singulares.

> The **drawers or the closet** is the place to look.
> **Is** the **cat** or the **ferret** in the garage?
> **Neither** Alan **nor** Julie **remembers** seeing my PalmPilot.

Los sujetos compuestos unidos por *or* o *nor*—verbo plural. Se usa el verbo plural si el sujeto junto al verbo es plural o si ambas partes del sujeto son plurales.

> The **closet or the drawers are** the place to look.
> The **directors or the producers receive** all the credit.
> **Neither** the girls **nor** their teachers **were** aware of the approaching high tide.

Nombres plurales—verbos singulares. Los nombres plurales usados como títulos de cursos o asignaturas o como medidas o unidades de cantidad (dólares, libras, pulgadas) requieren un verbo singular.

> **Humanities has** a long reading list.
> I weighed myself, and **twelve pounds has** to go!
> **Five hundred miles seems** a long way to drive in one day.
> **Is $2,500** too much for this rug?

Nombres colectivos—verbo singular o plural. Para recalcar el nombre colectivo como unidad, se usa el verbo singular. Para referirse a individuos dentro del grupo, se usa el verbo plural.

> The **fleet sails** tomorrow at 4:30.
> The **Seventh Fleet have** three days to repair their vessels.
> Everyone knows how hard the **council works**.
> The **council are** divided about the tax-reform issue.
> When **is the team** going to play its next home game?
> The **team need** to recuperate from their injuries.

Locuciones preposicionales y otro material separado del sujeto. Locuciones preposicionales que siguen al sujeto o material separado del sujeto por comas generalmente no afecta la concordancia entre el sujeto y el verbo. Para decidir si usar un verbo singular o plural, simplemente ignore la locución preposicional u otro material y mire sólo el sujeto y el verbo.

> **None** of the facts **has been proved** true. (*None of the facts has.*)
> **Any** of these students **writes** well. (*Any* [one] *of these students writes.*)
> Many **flowers**, such as the tulip, **grow** in northern climates. (Many *flowers, such as the tulip, grow.*)
> My **house,** unlike those houses, **looks** brand new. (My *house,* unlike those houses, *looks.*)

La excepción a esta regla ocurre cuando la palabra *all* precede a un nombre o pronombre singular o plural. En este caso, la locución preposicional o el material que sigue a *all* determinará si hay que usar un verbo singular o plural.

> **All** of my apple pie **was eaten.** (Singular *pie* requiere el verbo singular *was eaten.*)
> **All** of my apple pies **were eaten.** (Plural *pies* requiere el verbo plural *were eaten.*)

El adjetivo

Los *adjetivos* modifican a nombres, pronombres u otros adjetivos. Proporcionan datos pertinentes acerca de las palabras a las que modifican al contestar las preguntas *¿Qué tipo? ¿Cuántos? ¿Cuál? ¿Cuánto?* Los adjetivos pueden añadir precisión, color o un toque de originalidad a una redacción.

> The zoo has a **two-year-old male** leopard. (¿Qué tipo?)
> There may be **ten** planets in our solar system. (¿Cuántos?)
> He gave her **that** hat over there. (¿Cuál?)
> I have a **bigger** TV than he does. (¿Cuánto?)

Los adjetivos demostrativos

Los *adjetivos demostrativos which, what, this, these, that* y *those* se usan para subrayar el elemento en cuestión y su distancia del locutor. A diferencia de los pronombres de estas palabras, los adjetivos demostrativos nunca se usan solos.

> I feel sorry for **those** people caught in the flood. (Pronombre: I feel sorry for *those* caught in the flood.)
> Take **this** car here and **that** car over by the driveway and park them both in the lot.
> I don't understand **which** person you're talking about.
> He doesn't know **what** schedule the driver is using this week.

Los adjetivos indefinidos

Estos adjetivos se usan para identificar o contar los nombres que modifican. En casi todos los casos, el *adjetivo indefinido* precede al nombre. A continuación se ofrece una lista de los adjetivos indefinidos más comunes.

Adjetivo indefinido	Nombre
a/an	a mango, an orange
the	the hammer, the screwdrivers
few	few ideas
many	many calls
every	every week
each	each person
both	both lights
several	several cards
some	some cake
any	any window
most	most people
one	one country

Los *adjetivos indefinidos a, an* y *the* también se conocen como *artículos*. *A* y *an* son *artículos indefinidos* y se refieren a una cosa no especificada de una clase (*a box, an apple*). *The* es un *artículo definido* y se refiere a una o más cosas concretas de una clase (*the box, the apples*).

Las comparaciones

Los adjetivos también se usan para hacer comparaciones entre personas, lugares o cosas. Las formas positivas, comparativas y superlativas expresan diferentes grados de una cualidad o característica.

La forma *positiva* es la palabra base (*low, cautious*). La *comparativa* se forma añadiendo el sufijo *er* o la palabra *more* (*lower, more cautious*). La *superlativa* requiere el sufijo *est* o la palabra *most* (*lowest, most cautious*).

Positiva	Comparativa	Superlativa
careful	more careful	most careful
incredible	more incredible	most incredible
proud	prouder	proudest
fast	faster	fastest
few	fewer	fewest

Existen también varias formas comparativas irregulares.

bad	worse	worst
far	farther	farthest
good	better	best
little	less	least

Cuando son dos cosas que se están comparando, se usan las formas positivas y comparativas. Para más de dos cosas, se usa la forma superlativa.

The black puppy is **smaller** than its brother. (comparativa)
The brown puppy is the **smallest** of the eight. (superlativa)
Jan has a **good** grade point average, Brian has a **better** one, while Joan has the **best** average of all. (positiva, comparativa, superlativa)
That movie was **more** boring than a test pattern. (comparativa)
He has the **most** expensive satellite dish on the block. (superlativa)

Los adjetivos compuestos

Los *adjetivos compuestos* generalmente llevan guión cuando preceden al nombre que modifican. Cuando vienen después del nombre, no llevan guión.

> She wanted a **blue-gray** living room.
> She even dyed the curtains **blue gray**.
> That is a **past-due** bill.
> The bill is **past due**.

Los adjetivos predicativos

Cuando un adjetivo sigue a un verbo copulativo como *feel, become, seem, get, is, look* y *smell*, complementa el verbo y se llama *adjetivo predicativo*. El adjetivo no modifica al verbo sino que se refiere a la condición del sujeto.

> She looks **beautiful**.
> He seems **unhappy**. Is he **all right**?
> The water is getting **hot**.

El adverbio

Los *adverbios* modifican a verbos, adjetivos u otros adverbios. Responden a las preguntas *¿Cuándo? ¿Dónde? ¿Cómo?* o *¿Cuánto?* Los adverbios describen una acción o un estado en más detalle y pueden dar una imagen más viva de lo que está transcurriendo.

> She **always** signs her name with "Ms." (¿Cuándo?)
> They carried the chair **downstairs**. (¿Dónde?)
> Read it again **slowly**. (¿Cómo?)
> He objected **strongly** to the judge's ruling. (¿Cuánto?)

Cómo formar los adverbios

La mayoría de los adverbios terminan en *ly* y se forman a partir del adjetivo. Sin embargo, en algunos casos tanto el adjetivo como el adverbio termina en *ly*.

Nombre	Adjetivo	Adverbio
care	careful	carefully
collect	collective	collectively
coward	cowardly	cowardly
hour	hourly	hourly
thought	thoughtful	thoughtfully

Tipos de adverbios

Los adverbios que indican tiempo, dirección, lugar o grado pueden parecer nombres, preposiciones o adjetivos. A continuación se ofrecen ejemplos de este tipo de adverbio, incluidos algunos que terminan en *ly*.

Adverbios de tiempo y frecuencia (¿Cuándo?)

always	frequently	occasionally
before	never	often
eventually	now	once
forever	Monday	seldom

Adverbios de lugar (¿Dónde?)

across	in	there
around	out	through
backward	over	under
here	sideways	upstairs

Adverbios de intensidad o grado (¿Cuánto?)

completely	less	nearly
entirely	mildly	somewhat
excessively	most	thoroughly
however	much	

Adverbios de modo (¿Cómo?)

beautifully	equally	thankfully
carefully	handily	quickly
coldly	hotly	resentfully
earnestly	nicely	tirelessly

Las comparaciones

Los adverbios—como los adjetivos—se usan en las comparaciones. La forma *positiva* es la palabra base (*fast, softly*). La *comparativa* se forma añadiendo *er* o la palabra *more* (*faster, more softly*), y la *superlativa* añadiendo *est* o la palabra *most* (*fastest, most softly*). Algunos adverbios tienen formas irregulares (*well, better, best*).

He drives himself **hard**. (positiva)
He drives himself **harder** than I think he should. (comparativa)
He drives himself the **hardest** of anyone I know. (superlativa)

I work **well** when I'm alone. (positiva)
I work **better** when I'm with others. (comparativa)
I work **best** late at night. (superlativa)

The tiger moves **quietly** through the jungle. (positiva)
The tiger moves **more quietly** than the deer. (comparativa)
The tiger moves the **most quietly** of the three big cats. (superlativa)

La posición del adverbio y su significado

La posición del adverbio puede afectar al significado de la frase. El error más común es la mala colocación del adverbio *only*. Asegúrese de que la posición del adverbio comunique lo que quiere decir.

Confuso: We **only** walked to the store and not the bank. (¿Significa que los locutores sólo caminaron y no corrieron? ¿O que sólo caminaron hasta la tienda y ningún otro sitio? El significado no queda claro.)
Claro: We walked **only** to the store and not to the bank.

Confuso: She **frequently** calls the magazine editor. (¿Llama al editor de la revista más frecuentemente que a otras personas? ¿O simplemente llama al editor muchas veces [frecuentemente]?)

Claro: She calls the magazine editor **frequently**.

Como regla general, se evita la separación de una forma verbal cuando se usa un adverbio. Aunque esta regla no es absoluta, conviene tenerla en cuenta.

Evite: I have **also** given the matter my attention.
Mejor: I **also** have given the matter my attention.
Evite: He had **accurately** filled out the form.
Mejor: He had filled out the form **accurately**.

¿Adjetivo o adverbio?

Algunas palabras funcionan como adverbios y adjetivos, y muchas veces se confunden. Entre las más conflictivas están *good, well, badly* y *bad*.

Good es un adjetivo y se usa siempre como adjetivo. Nunca se usa *good* para modificar a un verbo.

You've done a **good** job. (modifica a *job*)
I feel **good**. (adjetivo predicativo que se refiere al estado del sujeto)

Well es un adjetivo, que significa sano, y un adverbio de modo, que responde a la pregunta de *cómo* está hecho algo.

I feel **well**. (adjetivo predicativo que se refiere al estado del sujeto)
The reporter handled that story **well**. (modifica al verbo *handled*)
She writes **well**. (modifica al verbo *writes*)
("She writes **good**" es incorrecto.)

El adverbio *badly* se confunde muchas veces con el adjetivo *bad*. *Badly*, un adverbio de modo, indica que algo está hecho de una forma deficiente o pobre. Generalmente sigue a un verbo de acción.

He plays the piano **badly**. (modifica al verbo *plays* y contesta a la pregunta: *How does he play the piano? Badly.*)
They painted the room **badly**. (modifica al verbo *painted* y contesta a la pregunta: *How did they paint the room? Badly.*)

El adjetivo *bad* significa "bajo de ánimo" o se usa para describir el grado de algo. Cuando le precede un verbo copulativo, es un adjetivo predicativo que describe el estado del sujeto.

She feels **bad**. (adjetivo predicativo que se refiere al estado del sujeto *she*)
That was a **bad** mistake. (adjetivo que modifica a *mistake*)

Nunca se dice *I feel badly* o *You look badly* cuando se quiere referir al estado del sujeto. Estas declaraciones significan que alguien siente (toca a alguien o algo) mal o que mira (ve las cosas) mal.

La preposición

La *preposición* es una palabra de enlace que muestra la relación entre las palabras de una frase. Una preposición puede tener como objeto un nombre, un pronombre, una locución con gerundio o una oración nominal. Junto con la preposición forman una *locución preposicional*. Estas locuciones funcionan como adjetivos que modifican a nombres o pronombres o como adverbios que modifican a verbos, adjetivos u otros adverbios.

Put it **in** the box. (El nombre *box* es el objeto de *in*; la locución preposicional funciona como un adverbio y modifica al verbo *put*.)
Give this to the usher **on** the right. (El nombre *right* es el objeto de *on*; la locución se usa como un adjetivo y modifica al nombre *usher*.)
After telling them a story, he put the children to bed. (La locución con gerundio *telling them a story* es el objeto de la preposición *after*.)
Because of what they told us, we cut our trip short. (La oración nominal *what they told us* es el objeto de la preposición *because of*.)

A continuación se ofrece una lista de algunas de las preposiciones más comunes.

about	between	off
above	beyond	on
across	by	over
after	down	since
against	during	through
along	except	to
among	for	toward
around	from	under
at	in	until
before	inside	up
behind	into	upon
below	like	with
beneath	near	within
beside	of	without

Las preposiciones compuestas

Aunque la mayoría de las preposiciones consisten en una palabra, algunas consisten en locuciones y se conocen como *preposiciones compuestas*. Estas locuciones se usan mucho en la comunicación tanto oral como escrita.

because of	in case of	instead of
by way of	on behalf of	on account of
in care of	in spite of	on the side of

In care of (c/o) es un símbolo común usado en la correspondencia. (*In care of* es una preposición compuesta que funciona como el sujeto del verbo *is*.)

They traveled **by way of** Vermont. (La preposición compuesta *by way of* modifica al verbo *traveled*. El nombre *Vermont* es el objeto de la locución.)

Errores comunes

Las preposiciones son unas de las palabras de las que más se abusan en el inglés. Siga las siguientes pautas para no cometer los dos errores más comunes.

1. No coloque preposiciones innecesarias al final de una frase.

Incorrecto:	Where are my keys **at**?
Correcto:	Where are my keys?
Incorrecto:	Can I go **with**?
Correcto:	Can I go? Can I go **with you**?
Incorrecto:	Where did that remote get **to**?
Correcto:	Where is that remote?

2. En la redacción formal y comunicaciones de empresa, no coloque la preposición al final de una frase. Vuelva a escribir la frase para que tenga la locución preposicional correcta.

Evite:	They were not sure which college they should apply **to**.
Mejor:	They were not sure **to** which college they should apply. (La preposición ahora forma parte de la locución *to which college*.)
Evite:	Ask not whom the bell tolls **for**.
Mejor:	Ask not **for** whom the bell tolls.

Las preposiciones usadas con verbos

Estas pautas no son rígidas. Winston Churchill comentó una vez, "This is the sort of English up with which I will not put".

Obviamente, habrá excepciones a esta regla, particularmente cuando las preposiciones se usan con verbos. En la cita de Churchill, la forma verbo-preposición es *to put up with* (tolerar). Sin embargo, en la redacción, sería mejor reestructurar la frase para que se lea "I will not put up with this sort of English".

Las preposiciones se usan con verbos para lograr un leve cambio en el significado o para distinguir entre personas y objetos.

accompany by (una persona)
accompany with (un objeto)
The president was **accompanied by** his wife.
The form was **accompanied with** a self-addressed, stamped envelope.

Saber qué preposición usar con un verbo puede ser un reto. Encontrará una lista de algunas de las combinaciones verbo-preposición más expuestas a la equivocación en el Apéndice B al final de este libro.

La conjunción

Las *conjunciones* unen palabras o grupos de palabras a otras partes de la frase y muestran la relación entre ellas. Las cuatro conjunciones básicas son las conjunciones copulativas, las conjunciones correlativas, las conjunciones subordinantes y los adverbios atributivos.

Las conjunciones copulativas

Las *conjunciones copulativas and, but, or* y *nor* unen dos o más elementos del mismo rango. Las conjunciones *but* y *nor* se usan frecuentemente con los adverbios *never* o *not*.

Los elementos unidos por conjunciones copulativas pueden ser palabras sueltas—nombres, verbos, adjetivos, adverbios, pronombres—o locuciones u oraciones. (Las oraciones son grupos de palabras con una combinación sujeto-verbo como *when she came to work* o *because they are sailing tomorrow.*)

The telescope **and** its lens were repaired. (nombres)
We called and called, **but** no one answered. (verbos)
He is a sore **but** victorious player tonight. (adjetivos)
You can have it done quickly **or** thoroughly. (adverbios)
She **and** I seldom agree on anything. (pronombres)
We can go over the river **or** through the woods. (locuciones
    preposicionales)

Did you know that he's **never** eaten a hot dog, had a real root beer,
  nor played miniature golf? (formas verbales)
She went home last night **and** found the jury summons waiting for
  her. (oraciones)

Las conjunciones correlativas

Las *conjunciones correlativas* son conjunciones copulativas que se usan en
pareja y resaltan los elementos que unen. A continuación se ofrecen las
conjunciones correlativas más comunes:

both . . . and
either . . . or
neither . . . nor
not only . . . but also

Las conjunciones correlativas también unen elementos del *mismo rango*.
Asegúrese de que los elementos que siguen a cada parte de la conjunción
son realmente iguales.

E-mail **either** Judith **or** Andy about the party. (nombres)
It is **both** raining **and** snowing outside. (formas verbales)
The trade talks were **neither** hostile **nor** overly friendly. (adjetivos)
He **not only** installed a new DSL line **but also** added the latest CD
  burner. (formas verbales)

Las conjunciones subordinantes

A diferencia de las conjunciones descritas en la sección anterior, las *conjunciones subordinantes* unen elementos de *diferente rango* en una frase.
Estos elementos normalmente consisten en una oración subordinada (un
grupo de palabras con una combinación sujeto-verbo que dependen de
una oración independiente) y una oración independiente. A continuación
se ofrece una lista de las conjunciones subordinantes más comunes.

after	how	than	when
although	if	that	where
as	in order that	though	which
as much as	inasmuch as	unless	while
because	provided	until	who/whom
before	since	what	whoever/whomever

Las conjunciones subordinantes se pueden usar para introducir una frase tanto como para unir elementos dentro de ella. Cuando una oración subordinada aparece al principio de una frase, va seguida de una coma. No se usa una coma cuando la oración subordinada va al final de la frase.

Before we left the theater, I had to dry my eyes.
I had to dry my eyes **before** we left the theater.
Provided the books arrive, we can start class Tuesday.
We can start class Tuesday **provided** the books arrive.

Las oraciones restrictivas y no restrictivas. Algunas oraciones proporcionan datos adicionales acerca de una persona, un lugar o un objeto en una frase. Cuando la oración es esencial para el significado de la frase, se llama *oración restrictiva*. Cuando es descriptiva pero no esencial, se llama *oración no restrictiva*.

Restrictiva: The city **that was built along the river** escaped the fire. (La oración *that was built along the river* distingue la ciudad de todas las otras ciudades de la zona. El dato es esencial para la frase.)
No restrictiva: The city, **which was built along the river**, escaped the fire. (En esta frase, la oración *which was built along the river* es un dato puramente descriptivo.)

Note que la conjunción subordinante cambia de *that* en la oración restrictiva a *which* en la oración no restrictiva. En general, se usa *that* para indicar datos esenciales al significado de la frase. *Which* indica información que no es esencial.

Para determinar si una oración es restrictiva o no restrictiva, elimine la oración de la frase y determine si al eliminarla cambia el significado.

> The accountant **who works for John** has been missing for three days.
> The accountant, **who works for John**, has been missing for three days.

En la primera frase, *who works for John* identifica qué contable entre varios falta. La segunda frase implica que el *contable*, y no la recepcionista o algún otro individuo, ha estado ausente. El dato *who works for John* se puede eliminar sin cambiar el significado de la frase.

Los adverbios atributivos

Los *adverbios atributivos* se usan para unir dos *oraciones independientes*, es decir, oraciones con una combinación sujeto-verbo que en sí mismas pueden constituir una frase. Los adverbios atributivos muestran la relación entre dos ideas expresadas en oraciones independientes. En general, los adverbios atributivos reflejan resultado, contraste o continuación.

Resultado	Contraste	Continuación
accordingly	nevertheless	furthermore
as a result	however	further
therefore	nonetheless	in addition
thus	conversely	also

Los adverbios atributivos pueden estar al principio de la segunda oración que unen. En este caso, van normalmente precedidos de punto y coma y seguidos de una coma. También pueden ir dentro de la segunda oración o locución, y frecuentemente van separados por comas.

> We arrived late at night; **however,** no one complained.
> I fail to see your point; **furthermore,** your entire argument is off the subject.
> The strike delayed shipment; **therefore,** your order will not be sent on the date we promised.

The train slipped off the track at Innsbruck; the passengers,
accordingly, had to continue by taxis.
The storm ruined two speakers; the band, **however,** had spare ones in
the van.

La interjección

Las *interjecciones* son palabras que se usan para expresar emoción o llamar
la atención del lector. Las interjecciones rara vez se usan en redacciones
formales o de empresa pero sí aparecen en material publicitario o promocional, ficción, redacciones informales y correspondencia personal.

Interjecciones comunes

Éstas son algunas de las interjecciones más comunes:

ah	hey	no way
alas	hooray	oh
congrats	hurry	ouch
good grief	my goodness	outstanding
great	never	ugh
help	no	wow

La puntuación

Las interjecciones fuertes se puntúan con un signo de exclamación (*wow!*
ouch! hooray!). La primera palabra que sigue al signo de exclamación lleva
mayúscula como es la primera palabra de una frase nueva.

Las interjecciones más suaves son separadas por comas y frecuentemente
introducen una frase (*indeed, yes, well*). La palabra que sigue a la coma no
lleva mayúscula como es la continuación de la misma frase.

Interjección fuerte: **Excellent!** That was a perfect dive.
You may be saying, "**Hey!** Why is the coffee
cold?"

Interjección suave: **No,** we can't visit you this summer.
Well, I just thought I'd ask.

La puntuación y sus normas

La puntuación tiene dos usos principales en la comunicación escrita. Primero, ayuda a presentar las ideas de una forma clara y concisa. Indica dónde termina una idea y dónde empieza otra, muestra la relación entre ellas y separa elementos dentro de una serie. Segundo, la puntuación se usa en abreviaturas y cifras que expresan nociones de tiempo, cantidad y medida.

Este capítulo recoge el uso correcto de los signos de puntuación finales, la coma, el punto y coma, los dos puntos, las comillas, el apóstrofe, el guión, la raya, el paréntesis, el corchete y la elipsis.

Signos de puntuación finales: El punto final, el signo de interrogación, el signo de exclamación

Los signos de puntuación finales normalmente van al final de una frase. Sin embargo, se usan también después de una sola palabra o dentro de una frase.

El punto final

El *punto final* va al final de una frase completa, sea una declaración, orden o petición. Es señal para el lector de que ha terminado una idea completa y que puede haber otra a continuación. En la redacción informal, el punto final se puede usar con una sola palabra.

Declaración: You shouldn't drive and talk on the cell phone.

Petición: Please hang up and drive.

| Orden: | Get off the cell phone and drive. |
| Sola palabra: | Thanks. I feel much safer. |

El punto final también se usa en muchas abreviaturas. Véase las páginas 86-101 para una explicación más detallada de las abreviaturas.

Saint	St.
Avenue	Ave.
American Bar Association	A.B.A.

El signo de interrogación

El *signo de interrogación* va al final de una frase que hace una pregunta directa. No se usa al final de una declaración que tiene una pregunta *indirecta*. En la redacción informal, el signo de interrogación también se puede usar con una sola palabra.

Pregunta directa:	Are you going to the preview tonight?
Pregunta indirecta:	I asked them if they were going to the preview tonight.
Sola palabra:	What? I couldn't hear you over the TV.
	So? It's no trouble to feed one more person.

Peticiones formales. Mucha correspondencia formal o de empresa tiene peticiones de información, conformidad, respuesta o consentimiento. Estas peticiones se pueden puntuar con un punto final o un signo de interrogación.

| Punto final: | Would you please send me your company's website address. |
| Signo de interrogación: | Would you please send me your company's website address? |

Una serie de preguntas. El signo de interrogación se usa después de cada pregunta de una frase que tiene una serie de preguntas.

How much are you willing to gamble on your future? your family's
health? your career?

Las comillas. El signo de interrogación va *dentro de* las comillas cuando
el material citado es una pregunta. En caso contrario, va *fuera* de las
comillas.

"Are the sets ready?" the director asked.
I just finished the short story "Where Is Paradise?"
Have you read "The Scarlet Ibis"? (El material citado no es una
   pregunta. La frase entera es la pregunta.)
Did he say "no vacation" or "no early vacation"?

El signo de exclamación

El *signo de exclamación* añade énfasis a las frases, locuciones o palabras
sueltas. Es como una bandera roja que se agita delante del lector y que se
debe usar con moderación. El signo de exclamación es un símbolo familiar en el material publicitario y promocional.

Wait! Don't touch that wire!
I can't believe she said that!
Don't delay! Order your DVDs now!

La coma

La *coma* es el signo de puntuación más usado y expuesto al abuso. Se
inserta frecuentemente entre el sujeto y el verbo o al final de una idea completa, ignorando las reglas del uso de la coma.

La coma se usa para separar palabras o grupos de palabras en una lista o
construcción paralela; para separar partes preliminares, interrupciones o
palabras colocadas fuera de su posición habitual; o para coordinar estructuras gramaticales como predicados compuestos, adjetivos copulativos o
apositivos y calificativos descriptivos. Por otra parte, algunos usos de la
coma tienen poco que ver con el significado de la frase, como cuando se
inserta una coma para evitar una mala interpretación o para poner énfasis.

En algunos casos, la coma simplemente representa una forma tradicional de puntuar varios elementos gramaticales. Esta sección recoge los usos y abusos más comunes de este signo de puntuación a veces problemático.

La coma en una serie

La coma se usa para separar elementos de una serie. Éstos pueden ser palabras sueltas, locuciones u oraciones. Aunque el uso moderno permite que la coma se suprima antes de la conjunción final (*or, but, nor* y *and*), la inclusión de la coma puede evitar la posible confusión del lector.

> We brought sandwiches, wine, cold soup, and chocolate cake on the picnic.
> The conductor set up his stand, took out the score, and lifted his baton. (formas verbales)
> She is vice president of operations, sales and resources and personnel. (¿Las categorías son *sales and resources,* y *personnel* o son *sales,* y *resources and personnel?* Una coma final aclararía estas categorías.)

Las oraciones independientes

Cuando dos oraciones independientes se unen por *and, but, or, nor* o *for,* se usa una coma antes de la conjunción. Sin embargo, no se necesita una coma si las oraciones son muy cortas.

> Her gymnastics routine was brilliant, and the judges gave her a 99.46.
> Yolanda knew we'd be late, but she left anyway.
> He can play the guitar, or he can do his magic show.
> Stir the batter and add the eggs slowly.
> They came early and they stayed late.

Una coma no se usa cuando *and, but, for, or* o *nor* unen dos verbos que tienen el mismo sujeto.

> Kerry Wood **pitches** with the best of them and **bats** better than most outfielders.
> Shelly **has never cooked** a meal nor **washed** her own clothes.

Las oraciones, locuciones y expresiones preliminares

Se usa una coma después de locuciones y oraciones preliminares salvo si son muy cortas. Cuando expresiones como *no, yes, in addition, well* o *thus* empiezan una frase, van seguidas de una coma.

> When Ansel Adams took a photograph, he knew exactly what would appear in the picture.
> Speaking of food, isn't anybody hungry?
> In summer we always try to get outside more. (La locución corta *in summer* no requiere una coma.)
> Well, losing one game doesn't ruin an entire season.
> Thus, I feel your qualifications make you perfectly suited for this job.

Las oraciones no restrictivas e información no esencial

La coma separa oraciones no restrictivas o expresiones que interrumpen una frase o añaden datos o descripciones.

> The rodeo, always held in August, draws tourists from all over.
> (*Always held in August* es una oración no restrictiva.)
> We wanted to finish, of course, but didn't know how.
> The new officer, I'm sure you remember him, locked himself out of his car.

El saludo directo

Las palabras usadas en un saludo directo van separadas por comas independientemente de su posición en la frase.

> Greg, can you fix my e-mail?
> They heard about the trouble, Jean, and wanted to help.
> Please sign this receipt, Ms. Liang.

La coma y la claridad

A veces la coma se usa para evitar que el lector se confunda cuando una frase se puede leer de más de una forma.

In autumn nights grow steadily longer. (A primera vista, parece que *autumn* y *nights* van juntos. Sin embargo, el resto de la frase deja claro que van separados. Insertar una coma después de *autumn* dejaría claro el significado en seguida.
In autumn, nights grow steadily longer.

Los usos tradicionales de la coma

La coma se usa en ciertas fórmulas convencionales, incluyendo las fechas, las direcciones, los saludos y despedidas en la correspondencia informal, y ciertas formas de nombres propios o nombres que van seguidos de un título o tratamiento social.

We were married June 22, 1941, in Los Angeles. (Cuando se usa sólo el día y el mes, la coma no es necesaria. *We were married on June 22 in Los Angeles.*)
Send your rebate coupon to Harvard House, Suite 2920, 467 West Rhine Street, Portland, Oregon.
Dear Harriet,
Sincerely yours,
Truly yours,
Samuel Stanislaw, Jr. (pero *Samuel Stanislaw III*)
Judith Gallagher, PhD
Linda Marks, director

Errores en el uso de la coma

Muchas veces se usa la coma de forma incorrecta. Las siguientes pautas indican errores comunes estilísticos.

1. Nunca se usa una coma para separar el sujeto del verbo.

   Incorrecto: Finding a lead singer for the band, has been an ordeal. (La locución nominal *Finding a lead singer for the band* es el sujeto y no debe ser separado del verbo *has been.*)

Correcto: Finding a lead singer for the band has been an ordeal.

2. Nunca se usa una coma para separar dos locuciones u oraciones subordinadas unidas por una conjunción.

Incorrecto: The waiter suggested that we order a white wine, and that we try the Cajun appetizers.

Correcto: The waiter suggested that we order a white wine and that we try the Cajun appetizers.

Incorrecto: Ming-Jie painted her room, but not the hallway.

Correcto: Ming-Jie painted her room but not the hallway.

Incorrecto: After the treaty was signed, both sides pulled back their troops, and reduced their armored divisions.

Correcto: After the treaty was signed, both sides pulled back their troops and reduced their armored divisions.

3. En una serie, nunca se usa una coma para separar el calificativo de la palabra que modifica.

Incorrecto: They drove through a damp, cold, eerie, fog.

Correcto: They drove through a damp, cold, eerie fog.

Incorrecto: That is a ridiculous, immature, wicked, suggestion.

Correcto: That is a ridiculous, immature, wicked suggestion.

El punto y coma

El *punto y coma* representa una pausa más completa que la coma pero no tan completa como el punto final o los dos puntos. El punto y coma se usa para separar oraciones independientes en diferentes circunstancias especiales. También sirve para agrupar elementos de una serie cuando éstos contienen puntuación interna.

Las oraciones independientes

Se usa el punto y coma para unir dos oraciones independientes que son similares en idea pero que *no* van unidas por las conjunciones copulativas *and, but, or, nor, for* o *yet.*

> The house stood empty for years; no one would buy it.
> The river raged through the gorge; her small tent was swept away in its path.

Unidas por un adverbio atributivo. Cuando dos oraciones independientes son unidas por un adverbio atributivo como *accordingly, however, therefore* o *thus*, se usa el punto y coma al final de la primera oración. El adverbio atributivo normalmente va seguido de una coma o separado por comas si está dentro de la segunda oración.

> The turtle survived its two-story fall; however, it was never quite the same again.
> The conference ended last Thursday; therefore, we can get back to business on Monday.
> Margaret told me not to stay in a motel; she suggested, instead, that I stay at her house.

Las oraciones con puntuación interna. El punto y coma se usa para separar dos oraciones independientes si una o ambas oraciones contienen puntuación interna. Las oraciones pueden ser unidas o no por conjunciones o adverbios atributivos.

> She owns two dogs, a goat, and a llama; they stay outside all year.
> Walter, the one with the allergies, read his story in class; and everyone thought it was excellent.
> The dark, dusty street looked deserted; but I kept hearing footsteps behind me.

Las series

Se usa el punto y coma para separar elementos dentro de una serie si éstos contienen puntuación interna.

> The speakers included Jeff Hines, vice president; Alberta Corazon, director of finances; Edward Singh, human resources; and Nancy Meripol, assistant to the president.
>
> We ordered five cartons of color-printer paper; six lined, medium-sized stationery pads; and nine boxes of assorted pens, pencils, and markers.

Los dos puntos

Los *dos puntos* representan una pausa más completa que el punto y coma pero no tan completa como el punto final.

Antes de una serie o lista

Se usan los dos puntos para introducir una serie o lista sólo después de una frase completa. Cuando la serie va justo después de un verbo o una preposición, no se usan los dos puntos.

Incorrecto:	Our five travel choices are: the Bahamas, Hawaii, Mexico City, Acapulco, and Peoria.
Correcto:	We have five travel choices: the Bahamas, Hawaii, Mexico City, Acapulco, and Peoria.
Incorrecto:	They were interested in: one brass bed, two lace pillows, one afghan comforter, and a chamber pot.
Correcto:	They were interested in the following items: one brass bed, two lace pillows, one afghan comforter, and a chamber pot.

Entre oraciones independientes

Se usan los dos puntos para introducir una pregunta o una declaración relacionada después de una oración independiente. La segunda oración independiente puede o no empezar con una letra en mayúscula. Sea cual sea, es importante ser constante en este uso en la redacción.

She had only one thought: What was she going to do now?
I know the answer: reverse the two equations.

La hora
Se usan los dos puntos para expresar la hora en cifras. No se usan las palabras *o'clock* después de cifras. No obstante, se pueden usar expresiones como *noon, in the afternoon, AM, PM* o *midnight*.

10:30 AM   4:35 PM
12:00 midnight   8:30 in the morning

La correspondencia formal o de negocio
Los dos puntos siguen al saludo de una carta, informe o memorando formal o de negocio, u otros tipos de correspondencia de empresa.

Dear Mr. Winfield: To the Research Staff:
Dear Buyer: To All Managers:
Dear President West: Attention Union Members:

Las comillas
Las *comillas* encierran una cita directa, es decir, la repetición de las palabras exactas de alguien.

"Keep your head down and charge!" the coach said.
Her exact words were, "Bake the bread at 350 degrees."

Las citas indirectas no van entre comillas.

The coach said to keep your head down and charge.
She told us to bake the bread at 350 degrees.

La puntuación y las comillas

La coma y el punto final siempre van *dentro* de las comillas, incluso cuando el material citado va dentro de la frase.

> She thinks we're "off the wall," but I think our idea will work.
> We've heard him say a thousand times, "Waste not, want not."
> "Tell me something I'll remember forever," she said.
> You've read the poem "Ash Wednesday," haven't you?

El punto y coma y los dos puntos siempre van *fuera* de las comillas.

> Look up the title under "Animated Cartoons"; copy the cartoon features listed there.
> The following animals are considered "marsupials": kangaroo, wombat, koala.

El signo de interrogación o exclamación van *dentro* de las comillas si forman parte del material citado. En el caso contrario, van *fuera* de las comillas. Sólo se usa un signo de puntuación final al final de una frase que contiene material citado.

> Have you read the report "The Over-Scheduled Child"? (La frase entera es la pregunta; el signo de puntuación final va después de las comillas finales.)
> He sent Irene the article "Why Can't Ivan Compute?" (El título es una pregunta; el signo de puntuación final va antes de las comillas finales.)
> "Dinner is ready!" he called.
> I can't believe they want us to increase sales "by 20 percent"!

Las citas breves y largas

Material citado que consiste en sólo dos o tres líneas va entre comillas y se incluye como parte del texto normal.

The movie critic was blunt about her reactions to the film. She stated that it "has the intelligence of a jellyfish and as much reality as a *Survivor* series."

Las citas más largas no van entre comillas y son separadas del resto del texto.

The movie critic was blunt about her reactions to the film.

> This movie should suffer an early and merciful death. It has the intelligence of a jellyfish and as much reality as a *Survivor* series. I don't know what the director intended for this film; but unless it was to bore us to death, he has certainly failed.

Las comillas simples

Se usan las comillas simples para separar una cita dentro de otra cita.

Carla said, "Every time I hear the song 'Into the West' I want to cry."
"When I asked him what he needed, he replied, 'A passport.'"

Títulos

Las comillas se usan para encerrar los títulos de artículos, los capítulos de libros, poemas, informes, muchas publicaciones gubernamentales, relatos, canciones sueltas, títulos de talleres o conferencias, o títulos de actas.

"Ballad of the Sad Cafe" is required reading in most college literature programs.
The song "Somewhere over the Rainbow" was almost left out of the classic movie *The Wizard of Oz*.
Read the chapter "How Diet Affects Immune Functions" before you change your eating habits too much.
The report "Equality in the Workplace: A Ten-Year Study" shows how much work still needs to be done.
Billy Collins' poem "Study in Orange and White" appears in one of his recent collections.

The IEEE international conference focused on the theme "Nanotechnology: Practical Applications."
Throughout the weekend, we will offer two workshops titled "Living with Stress" and "Getting Control of Your Finances."

Términos y expresiones

Se usan comillas para encerrar términos y expresiones que se consideran extraños o poco comunes (por ejemplo, términos de argot usados en un informe formal) o que el lector probablemente no conozca (jerga, términos técnicos).

The President told reporters he regarded his opponent as a "flip-flopper."
Not many people know the functions of "T cells" or "B cells" in the immune system.
Scott said he was as full as a "bug-eyed tick."
The term "blog" should be defined in your book.

El apóstrofe

El *apóstrofe* se usa para indicar posesión y para formar el plural de muchos nombres y símbolos, tanto como para indicar la omisión de letras en formas contraídas. (Los nombres y pronombres posesivos también se tratan en el capítulo 1 bajo las secciones Nombres y Pronombres.)

El posesivo de nombres singulares

El posesivo de un nombre singular se forma añadiendo *'s*. Nombres que terminan en un sonido *z* muchas veces sólo llevan el apóstrofe para evitar el problema de demasiados sonidos *s*.

the **mechanic's** wrench	**Gloria's** backpack
the **tree's** leaves	Mr. **Jones'** iPod
Moses' tablets	**Carlos's** notebook
Mrs. **Gonzales's** maid	Ned **Stanis's** boots

El posesivo de nombres plurales

El posesivo de los nombres plurales que terminan en *s* se forma añadiendo sólo un apóstrofe. Todos los otros nombres plurales llevan *'s.*

the **Harlands'** trip	the **trees'** leaves
children's shoes	**men's** sports wear
the **teams'** scores	**women's** networks

El posesivo de pronombres indefinidos y personales

Los pronombres indefinidos (*everyone, no one, anybody, everybody, someone, somebody, one*) requieren un apóstrofe y *s* para formar el posesivo. Sin embargo, los pronombres posesivos personales (*his, hers, theirs, your/yours, my/mine, our/ours*) no llevan apóstrofe.

Is this **someone's** book?	Yes, the book is **hers.**
I'll take **anyone's** ideas.	**Your** ideas are great.

La posesión individual y colectiva

Para mostrar la *posesión colectiva* de dos o más organizaciones, empresas o individuos, sólo la última palabra lleva *'s* o un apóstrofe. En el caso de *posesión individual*, ambos nombres o pronombres llevan *'s* o el apóstrofe sólo.

La posesión colectiva: **Lin and Chan's** bicycle (La bicicleta es propiedad de Lin y Chan.)
the **vice presidents'** office (El despacho es de más de un vice presidente.)
IBM and Xerox's new venture (Las dos empresas están trabajando juntas en un proyecto.)

Posesión individual: **Lin's** and **Chan's** bicycles (Note el nombre plural después de los nombres—una pista de que cada persona posee una bicicleta.)

her **father-in-law's** and **brother's** golf scores

Texaco's and **BP's** annual reports

Las unidades de medida como adjetivos posesivos

Las unidades de medida como *day, week, yard, cent* o *hour* llevan *'s* o un apóstrofe cuando se usan como adjetivos posesivos.

a **moment's** peace	ten **minutes'** work
a **month's** pay	three **weeks'** pay
a **dollar's** worth	two **cents'** worth

Las formas plurales de los símbolos

Se usa el apóstrofe o *'s* para formar el plural de letras, números, signos, símbolos o palabras a las que nos referimos como una expresión.

All the **R's** in this article were printed backward.

Mark these items with **X's** and those with **O's**.

Your **3's** look like **8's**.

How many **and's** can you put in one sentence?

The printer smudged all the **g's** in my report.

We can use **+'s** and ***'s** in the chart.

Las formas contraídas

El apóstrofe también se usa para indicar letras que se han suprimido para formar contracciones de verbos. Estas formas contraídas se usan en la redacción informal, pero normalmente se evitan en las redacciones o conversaciones formales.

She will come tomorrow.

She'll come tomorrow. (*wi* en *will* suprimido)

I have not heard from him.
I've not heard from him. (*ha* en *have* suprimido)

Redacción formal: **Do not** send the second shipment by UPS.
Redacción informal: **Don't** send the second shipment by UPS. (*o* en *not* suprimido)

El guión

El *guión* se usa para unir dos o más palabras que funcionan como una sola unidad, para unir números agrupados, para conectar algunos prefijos o sufijos con un nombre, para dividir palabras al final de una línea, para unir dos apellidos o para evitar construcciones confusas o incómodas.

Los números compuestos y fracciones

El guión se usa con números compuestos de *twenty-one* a *ninety-nine* y con fracciones usadas como adjetivos. No obstante, cuando las fracciones funcionan como nombres, no se usa guión.

twenty-one gun salute   a **two-thirds** majority
sixty-five and over   a glass **three-fifths** full (Pero *three fifths* no lleva guión cuando se usa como un nombre, por ejemplo, *three fifths* of the voters.)

Los números inclusivos

El guión se usa para conectar fechas de nacimiento y fallecimiento, páginas de material, resultados finales de partidos o en otros momentos cuando se necesita mostrar la relación entre números.

Christopher Reeve, "Superman" (**1952-2004**)
Read pages **15-32** in your statistics book.
The Bears beat the Rams **21-0**.
All the children ages **8-12** are eligible for camp.

Los prefijos y sufijos

Los prefijos *ex, self* y *all* y el sufijo *elect* siempre llevan guión, tanto cuando se usan como calificativos como cuando se usan como nombres. El guión también se usa con todos los prefijos que preceden a nombres propios y adjetivos.

self-esteem	secretary-elect	all-Canadian team
ex-director	all-encompassing	pro-French

Los adjetivos compuestos

Un adjetivo compuesto lleva guión cuando se usa antes de un nombre. No lleva guión cuando va después del nombre. Si uno de los calificativos es un adverbio que termina en *ly*, el adjetivo compuesto no lleva guión.

a **decision-making** process	a process for **decision making**
a **well-run** program	a program that is **well run**
a **city-owned** business	a business that is **city owned**
organically grown fruit	fruit that is **organically grown**
publicly owned parks	parks that are **publicly owned**

La división de palabras

El guión se usa para dividir palabras al final de una línea para señalar que el resto de la palabra viene a continuación. No se dividen las palabras de forma arbitraria sino sólo entre sílabas. Véase la sección sobre la división de palabras en el capítulo 5 para las reglas sobre la división de palabras al final de una línea.

We were almost in Niles **Town-
ship** when our car broke down.
Sam didn't really want to **continue** the trip, but I did.

Los apellidos compuestos
El guión se usa para unir dos apellidos.

Karen Norridge-Adams   Mr. Michael Harrington-Kelly
the Henderson-Smythes   Mr. and Mrs. Burns-Schroeder

Para evitar confusión
Se usa el guión para evitar confusión o inoportunidad en las frases.

re-creation (evita ser confundida con *recreation*)
anti-intellectual (evita la inoportunidad de *antiintellectual*)
sub-subentry (evita la confusión de *subsubentry*)

La raya
La *raya* indica una pausa en el pensamiento o la adición de información dentro de o al final de una frase. La raya se escribe usando dos guiones (aunque se pueden programar la mayoría de los programas de tratamiento de texto para insertar una raya de forma automática cuando se escriben dos guiones). No se deja un espacio ni antes ni después de este signo de puntuación.

The woman came running around the corner—I couldn't see her
    face—and disappeared down the alley.
This building—and every building on the street—will be torn down.
Marsha Nagib—you know her, I think—told me we might close early
    today.

La raya puede tener el significado de *namely, that is* o *in other words* para introducir información adicional o una explicación.

I thought about taking another route—the one through West Virginia.
There's only one way to win—don't play the game.

El paréntesis

Los *paréntesis* encierran material que constituye una interrupción del texto pero que añade información.

> The park (in Washington) is always crowded in summer.
> I know the answer (I think) to the final question.

Si el material insertado está al final de la frase, el signo de puntuación final va *fuera* del paréntesis que cierra. Si el material es una frase completa en sí misma, el signo de puntuación final va dentro del paréntesis que cierra.

> We provide a complete list of stores (see our website).
> We provide a complete list of stores. (See our website.)

El corchete

Se usan *corchetes* para encerrar adiciones al material citado. Estas adiciones, insertadas por editores o redactores, normalmente clarifican o comentan sobre el material.

> "Mark Twain said it [the river] taught him all he ever knew about life."
> "Virginia Woolf lived with him [Lytton Strachey] while recovering from her illness."
> "There were few Esquimouxs [sic] living in the region we explored."

Los corchetes también se usan para encerrar material que está dentro de material ya encerrado entre paréntesis.

> The fall sales records are encouraging (see page 33, Monthly Sales [Table 2.1] for a detailed breakdown by product line).

La elipsis

La *elipsis* indica que ha sido omitido material de una cita.

Original: This book describes the author's visit to Nepal and renders scenes of the rugged, mountainous countryside that will remain in the reader's mind forever.

Condensado: This book . . . renders scenes . . . that will remain in the reader's mind forever.

Cuando se omiten palabras al final de una frase, se usa un signo de puntuación final más la elipsis.

Condensado: This book . . . renders scenes of the rugged, mountainous countryside. . . .

Cursiva

Se usa *cursiva* para poner énfasis, señalar términos o expresiones extranjeros que no forman parte del uso común, o resaltar títulos de publicaciones y nombres de ciertos vehículos como barcos, naves espaciales, etcétera.

Énfasis

A veces, se usa cursiva para resaltar determinadas palabras o locuciones. Este uso es más común en los diálogos que en la redacción formal y se debe usar con moderación.

"I didn't want *blue* paint; I wanted *lavender* paint!"

"Mr. Lloyd, you told the prosecutor that you didn't meet Mrs. Young *until last month.* Is that right?"

On the basis of the field inspector's report, I recommend that *we shut down offshore drilling platform #45.*

Palabras y expresiones extranjeras

Palabras y expresiones extranjeras que no forman parte del uso común van en cursiva.

The motto of the Marine Corps is *Semper Fidelis*—always faithful.
As they say, *ende gut, alles gut*: all's well that ends well.

No obstante, muchas palabras extranjeras han llegado a formar parte del uso común el suficiente tiempo para que ya no aparezcan en cursiva. Consulte su diccionario para comprobar el uso actual.

Her paintings were very **avant-garde**.
At one time the motto **caveat emptor**—let the buyer beware—was the rule in business.
Her clothes are **chic**, her decor **passé**.
The military **junta** declared a 7:00 PM curfew.

Los títulos

Los títulos de obras de teatro, libros, revistas, periódicos, películas y otros tipos de publicaciones van en cursiva cuando están impresos. Si la primera palabra del título es *a, an* o *the*, va en cursiva sólo si forma parte del nombre.

The Wall Street Journal (periódico)   *Esquire* (revista)
the *Los Angeles Times* (periódico)   *Spider-Man* (película)
Angels in America (obra de teatro)   *Redbook* (revista)
The Insider (publicación corporativa)   *The Da Vinci Code* (libro)
Editorial Eye (boletín informativo)

Los vehículos

Se usa cursiva para los nombres de barcos, naves espaciales, aviones u otros vehículos conocidos.

the battleship *Excalibur*
the spaceship *Enterprise*
the shuttle *Columbia*
the *Titanic*
the President's jet *Air Force One*

Frases y tipos de frase

El inglés muestra una flexibilidad considerable en cuanto a la construcción de frases. El uso de diferentes tipos de frase produce conversaciones y redacciones vivas e interesantes. La variedad en la construcción de frases también contribuye a la buena organización de los mensajes. (Véase el capítulo 6 para más información sobre tipos de frase.)

Este capítulo explica cómo funcionan los bloques constructivos de las frases—las locuciones y oraciones, los sujetos y predicados—y los diferentes tipos de frases.

Frases, fragmentos y frases encadenadas

Una *frase* es un grupo de palabras que expresa una idea completa. Empieza con una letra en mayúscula y termina con un signo de puntuación final, es decir, un punto final, o un signo de interrogación o exclamación. Las frases se clasifican como declarativas (una declaración), interrogativas (una pregunta), imperativas (una orden o petición) o exclamativas (para poner énfasis).

Declarativa:	We reached the final level of *Doom.*
Interrogativa:	How did you get past the Valley of Fire?
Imperativa:	Click on the dragon. Watch out for the Black Guard.
Exclamativa:	I'm in the Secret Chamber!

No todos los grupos de palabras constituyen una frase. Un *fragmento* es una locución u oración que parece una frase pero que no expresa una idea completa.

Fragmento: down by the river where the fish bite
                 if he would just think

Los fragmentos aislados tienen poco sentido y dejan preguntas importantes sin contestar. ¿Quién o qué está *down by the river where the fish bite*?
¿Qué ocurriría *if he would just think*? Los fragmentos deben unirse a otras
partes de una frase para formar una idea completa.

Frase: **We were** down by the river where the fish bite.
             He could save himself so much trouble if he would just
             think.

A diferencia de los fragmentos, a los que les faltan partes para formar
una frase completa, *las frases encadenadas* tienen demasiadas partes. Consisten en dos o más ideas completas—a veces sin una relación clara—
unidas sin puntuación.

Frase encadenada: We have only three days until the trip starts I
                        don't have my jacket repaired yet and that will
                        take at least a day or so to do don't you think?

Las frases encadenadas pueden corregirse de varias maneras: insertando
la puntuación correcta, dividiendo la frase en dos o más frases más cortas, o volviendo a escribir la frase para eliminar el encadenamiento.

Revisada: We have only three days until the trip starts, and I
                forgot to have my jacket repaired. Do you think the
                repairs will take more than a day or so?

                We have only three days to get ready for the trip. I
                forgot to have my jacket repaired. Do you think the
                repairs will take more than a day or so?

La locución y la oración

Las diferentes partes de la oración se agrupan en locuciones y oraciones,
que conforman la frase básica.

La locución

La *locución* consiste en un grupo de palabras relacionadas que no tiene una combinación sujeto-verbo ni expresa una idea completa. Hay locuciones nominales, preposicionales, participiales y verbales, y locuciones con infinitivo.

Nominal:	my widescreen TV	the tired old man
Preposicional:	over the wall	around the block
Participial:	playing the fool	running the program
Verbal:	will be given	is coming
Infinitivo:	to think	to draw

La oración

La *oración*, o *cláusula*, es un grupo de palabras relacionadas que tiene una combinación sujeto-verbo. La *oración (cláusula) independiente* expresa una idea completa y por sí misma puede constituir una frase. La *oración (cláusula) subordinada* forma parte de una frase pero no expresa una idea completa por sí misma. Está subordinada a la oración independiente.

Oración independiente:	the floodplain was completely underwater John got us jobs as stagehands they took the off-road trail
Oración subordinada:	by the time June arrived because he works at the theater when they came to the turn
Frase completa:	**By the time June arrived**, the floodplain was completely underwater. John got us jobs as stagehands, **because he works at the theater**. **When they came to the turn**, they took the off-road trail.

El sujeto y el predicado

El *sujeto* es la persona, el lugar o la cosa que constituye el tema de la frase. El *predicado* es lo que se dice del sujeto.

Sujeto	Predicado
The balloon	floated up through the trees.
New York City	is a major cultural center.
The zoo worker	was attacked by a tiger.

En la mayoría de los casos, como en los ejemplos anteriores, el sujeto de una frase va primero, seguido del predicado. No obstante, hay instancias en que el sujeto se pone después del predicado, o se omite de la frase, o se inserta entre las partes de una forma verbal compuesta.

Into the valley of death rode **the six hundred.** (el sujeto sigue al predicado)
Wash the car by tonight. (el sujeto *you* está comprendido)
Are **your parents** coming tomorrow? (el sujeto se inserta entre las partes del verbo)
There are **three ships** coming into the bay. (*There* ocupa el lugar del sujeto, pero *three ships* sigue siendo el sujeto de la frase.)

Las formas del sujeto

Las formas más comunes de sujeto son nombres, pronombres y nombres propios.

The **stock market** is strong right now.
Why don't **you** pick up some lettuce for tonight?
Carol almost flunked algebra this semester.

A veces, una locución u oración nominal, un gerundio o una locución con gerundio, o una locución con infinitivo también pueden actuar como sujeto.

Locución nominal:	**The girl on the swing** is my niece.
Oración nominal:	**What they said** isn't true.
Gerundio:	**Swimming** is a major Olympic sport.
Locución con gerundio:	**Playing chess** kept him occupied for hours.
Locución con infinitivo:	**To see clearly** is an artist's greatest task.

El sujeto completo. El nombre o pronombre, y todos sus calificativos se llaman *sujeto completo*.

> **The ship in the harbor** seemed small and frail.
> **What he said in the car** surprised us all.
> **The trees, which had been damaged in the storm**, were cut down the next day.

Los sujetos simples y compuestos. El nombre o pronombre se llama *sujeto simple*. Es importante identificar el sujeto porque determina la forma verbal que se usa en la frase.

> The **ship** in the harbor seemed small and frail.
> **Daffodils** open in early spring.
> The **trees**, which had been damaged in the storm, were cut down the next day.

El *sujeto compuesto* consiste en dos o más nombres, pronombres, locuciones u oraciones que expresan el tema de una frase.

Nombres:	The **Democrats and Republicans** fought a bitter campaign.
Pronombres:	**She** and **I** used to be best friends.
Oraciones nominales:	**What he wanted** and **what he got** were two different things.
Locuciones con gerundio:	**Working at home** and **commuting electronically** are more popular now.

Las formas del predicado

El predicado siempre tiene un verbo. Un verbo de acción normalmente tendrá un objeto y varios calificativos verbales. Un verbo copulativo tendrá un complemento aparte de sus calificativos verbales. Por lo tanto, un predicado normalmente se compone de un verbo, un objeto o complemento, y calificativos verbales.

El predicado usado con verbos de acción. La forma más común del predicado es aquella en la que el verbo describe algún tipo de acción. El verbo va seguido de un objeto directo (OD) o, en algunos casos, de un objeto indirecto (OI).

OI   OD

Indiana Jones sent his **partner** the secret **code**.

OD   OD

I brought four **sandwiches** and one **pizza**.

OD

Michael Phelps won six gold **medals** in the 2004 summer Olympics.

OI   OD

She gave **him** a **rose**.

Nota: objeto de una preposición nunca es un objeto indirecto.

OD   O DE PREP

She gave a **rose** to **him**.

Con algunos verbos de acción se puede suprimir el objeto sin que la frase pierda sentido. En estos casos, el predicado consiste sólo en el verbo.

They **have been practicing**.
We **were reading**.
The reporter **disappeared**.
The weather **changed**.

Un verbo de acción también puede tener un complemento. Un nombre, un pronombre, una locución preposicional, un adjetivo o una locución verbal pueden hacer la función de complemento del predicado.

He taught the dog **to roll over**. (El infinitivo *to roll over* es el complemento.)

I called him a **prince**. (El nombre *prince* es el complemento.)

They made camp **on the hill**. (La locución preposicional *on the hill* es el complemento.)

She acted her part **beautifully**. (El adverbio *beautifully* es el complemento.)

We saw the tornado **heading this way**. (La locución participial *heading this way* es el complemento.)

She lay **down in the tall grass**. (El adverbio *down* y la locución preposicional *in the tall grass* son el complemento e indican dirección y lugar.)

El predicado con verbos copulativos. Los verbos copulativos que expresan el ser, el parecer o el llegar a ser requieren un adjetivo o verbo predicado como complemento para completarlos. Los verbos más comunes de este tipo son *seem, become, grow, taste, smell, appear, look, feel* y *sound*.

He seems **nervous**. (*He seems* es incompleto. El adjetivo *nervous* actúa como el adjetivo predicado.)

I feel **that you should apologize for your outburst**. (La oración nominal *that you should apologize for your outburst* es el complemento del verbo.)

El predicado compuesto. A veces una frase tendrá más de un verbo, objeto o complemento. Estas estructuras se llaman *verbos compuestos, objetos compuestos* y *complementos compuestos*.

The rookie **hits** and **fields** like Ichiro Suzuki. (Los dos verbos actúan como el verbo compuesto.)

I gave away my **coat** and **boots**. (Los dos nombres *coat* y *boots* actúan como el objeto directo compuesto del verbo *gave*.)

Mark's first week abroad was **long** and **lonely**. (Los dos adjetivos *long* y *lonely* forman el complemento compuesto.)

Los tipos de frase

Existen cuatro tipos básicos de frase en el inglés: simple, compuesto, complejo y complejo-compuesto. Cada tipo de frase tiene los mismos elementos básicos estructurales—partes de la oración, locuciones y oraciones.

La frase simple

La *frase simple* es una oración independiente sin oraciones subordinadas. Empieza con una letra en mayúscula y termina con un signo de puntuación final. Las frases simples pueden ser largas o cortas.

I bought four apples at the farmers' market.
I bought four apples, a basket of tomatoes, a bag of green beans, and
    three squashes at the farmers' market.
The farmers' market is a classic example of producers selling directly
    to consumers and avoiding the attempts of agents to control the
    supply or to manipulate the price.

La frase compuesta

La *frase compuesta* tiene dos o más oraciones independientes pero no contiene oraciones subordinadas. Las dos oraciones independientes se unen normalmente con una coma seguida de una conjunción (*and, but, nor, yet*). También se pueden unir con un punto y coma, un punto y coma seguido de un adverbio atributivo (*therefore, however, because, since*), o dos puntos.

Conjunción:	I don't know where he went, <u>and</u> no one has seen him since this afternoon.
Punto y coma:	Harold the First fought in northern Ireland<u>;</u> his campaigns generally were successful.

Adverbio atributivo:	Vivian wanted to stay another week in Ashville; <u>however</u>, her parents refused to send her more money.
Dos puntos:	You must have heard the news<u>:</u> we're all getting bonuses this year!

La frase compleja

La *frase compleja* consiste en una oración independiente y una o más oraciones subordinadas. Cuando una oración subordinada introduce la frase, normalmente va seguida de una coma, salvo si es muy corta. En los siguientes ejemplos, las oraciones subordinadas están en negrita.

The library closes early in summer **when the students are out of school.**

After the clear days of Indian summer, the autumn skies grow heavy and dark.

Linda told us on the phone **that they had had a flat tire last night and that the car wouldn't start this morning.**

When you come in the front door, make sure you push it shut, **because the lock doesn't always catch.**

La frase compleja-compuesta

La *frase compleja-compuesta* consiste en dos o más oraciones independientes y una o más oraciones subordinadas. En los ejemplos, las oraciones subordinadas están en negrita.

John Lennon wrote many ballads, and he recorded them **while he was in England.**

The letter carrier, **who is always punctual,** didn't come today; I wonder if she is ill.

He should call you **as soon as he arrives**; but **if you don't hear from him,** let me know.

Los calificativos en las frases

Un *calificativo* es cualquier palabra o grupo de palabras que limita, califica o modifica el significado de otras partes de la frase. Asegúrese de que los calificativos estén unidos de una forma clara a la palabra o palabras que modifican. Las locuciones u oraciones descriptivas unidas a las palabras equivocadas se llaman *calificativos imprecisos*.

Se pueden corregir los calificativos imprecisos convirtiendo el agente de la acción en el sujeto de la frase, añadiendo palabras omitidas o reemplazando la locución por una oración subordinada.

Incorrecto: Coming over the hill, the blueberries were seen in the valley below.

Correcto: As we came over the hill, **we saw** the blueberries in the valley below.

Incorrecto: Referring to your request of April 12, the matter is being reviewed by our board.

Correcto: **Our board is reviewing** your request of April 12.

Incorrecto: When she was four years old, her mother died. (¿Tenía su madre cuatro años?)

Correcto: **She was four years old** when her mother died.

Incorrecto: Exhausted and bleary-eyed, the report was finished by the team in the morning. (¿Estaba el informe agotado y con los ojos legañosos?)

Correcto: The team, exhausted and bleary-eyed, **finished the report in the morning**.

Uso de la mayúscula, abreviaturas y números

Las reglas para el uso de la mayúscula, las abreviaturas y los números pueden resultar confusas. No todos los libros de gramática coinciden en el mismo estilo. Las pautas presentadas en este libro se basan en el uso aceptado más reciente para la redacción comercial y personal.

Uso de la mayúscula

Llevan mayúscula la primera palabra de una frase, el pronombre personal *I* y la primera palabra de una cita directa si es una declaración completa.

Night falls quickly in the mountains.
The door was open when I arrived home.
He looked at the cake and said, "Diets, like pie crust, are made to be broken."

Los nombres y adjetivos propios

Llevan mayúscula todos los nombres y pronombres propios, como los nombres de personas, empresas, productos de empresa, instituciones, agencias y entidades gubernamentales y organizaciones públicas y privadas.

Nombres personales: Lance Armstrong, Barbara Walters
Empresas: Wal-Mart, Mrs. Field's Cookies

Productos de empresa:	Honda Civic, Downy, Dr Pepper
Instituciones:	Adler Planetarium, Stanford University
Agencias y entidades gubernamentales:	Internal Revenue Service, Civil Rights Commission, Office of Homeland Security
Organizaciones públicas:	Junior Chamber of Commerce, Girl Scouts of America
Organizaciones privadas:	Midwest Authors Guild, JoAnn Kilmer Foundation
Adjetivos propios:	**Canadian** beer, **American** flag, **Australian** kangaroo

Los apellidos compuestos y prefijos

Llevan mayúscula los apellidos compuestos y los nombres propios que llevan guión. También llevan mayúscula los nombres y adjetivos propios que se usan con prefijo, pero el prefijo no lleva mayúscula.

Send the bill to Mrs. **Simon-Allen.**
The **Minneapolis-St. Paul** project has been approved.
I am neither **anti-British** nor **pro-French**; I happen to enjoy both
  countries equally well.
He will always be a pro-**Chicago** politician.

Las relaciones familiares

Las palabras que describen relaciones familiares llevan mayúscula sólo cuando sustituyen a un nombre propio o se usan con el nombre de una persona. Si las palabras se usan con un pronombre posesivo, no llevan mayúscula.

I told **Aunt Julia** that **my sister** would be late.
She described **her father** to me perfectly.
Granny Winters and **Grampa McDonough** live in the same
  neighborhood.
We got a letter from **Aunt Helen** and **Uncle Bill.**
Do you know **her cousin Lucia**?

Las nacionalidades y razas

Las nacionalidades llevan mayúscula. Los grupos raciales pueden o no llevar mayúscula. La única regla firme es la de *ser constante*. Si un grupo racial lleva mayúscula, los otros deben llevar mayúscula también.

Nacionalidades	Grupos raciales
Australian	Black *o* black
Chinese	White *o* white
Indian	
Thai	

Los idiomas y las asignaturas escolares

Los idiomas llevan mayúscula, tanto como las asignaturas escolares que van seguidas de un número. Las asignaturas escolares generales no llevan mayúscula, salvo en el caso de que la asignatura sea un idioma.

Idiomas	Asignaturas escolares
Arabic	Biology 403
English	French
Korean	history
Polish	literature
	Social Science 202
	conversational Spanish
	statistics

Nombres y términos religiosos

Los nombres de todas las religiones, denominaciones y grupos locales llevan mayúscula.

Religiones

Buddhism	Islam	Shintoism
Christianity	Judaism	Taoism
Hinduism		

Denominaciones y sectas religiosoas

Jehovah's Witnesses	Mormonism	Theosophy
Methodism	Sufism	Zen Buddhism

Grupos locales

Church of the Redeemer	Saint Leonard's House
Midwest Baptist Conference	Temple Shalom

Los nombres de deidades y personas veneradas llevan mayúscula.

the Almighty	Child of God	the Word
Allah	Jehovah	Logos
Lamb of God	Holy Ghost	Mother of God
Pan	Shiva	Kwan Yin
Kali	Egun-gun	Astarte

Llevan mayúscula los nombres de obras sagradas o veneradas y sus partes individuales.

the Bible	the Koran	the Book of David
the Talmud	the Vedas	the Tripitaka
Genesis	the Beatitudes	the Diamond Sutra
Apostles' Creed	Epistles	Sermon on the Mount
the Decalogue	Book of Job	Acts of the Apostles

Los festivos religiosos y las palabras relacionadas con el sacramento de la Eucaristía llevan mayúscula.

Ascension of the Virgin	High Mass	Passover
Christmas	Holy Communion	Ramadan
Easter	Lent	Yom Kippur

No llevan mayúscula los nombres de otros ritos u oficios religiosos.

baptism	confirmation	seder
bar (bas) mitzvah	evening prayer	vesper service
confession	matins	worship service

Títulos académicos y personales

Llevan mayúscula los títulos académicos y personales que se usan como parte del nombre de la persona o como sustituto del nombre. Un título usado solo o después del nombre de una persona normalmente no lleva mayúscula.

La excepción a esta regla ocurre cuando el título se refiere a los oficios nacionales, gubernamentales o religiosos más altos, como el Presidente de los Estados Unidos. En estos casos, el título puede llevar mayúscula.

Professor Louise Sasaki	Louise Sasaki, PhD
Dr. Bernard Stone	Bernard Stone, MD
President Don Roth	Don Roth, president
Director Ellen Tate	Ellen Tate, director
Vice President Johnson	the Vice President (of the United States)
Cardinal Cody	the Cardinal
Pope Benedict XVI	the Pope
Reverend Alice Milano	the reverend
General George Custer	the general
Admiral Patricia Tracey	the admiral
Queen Elizabeth	the Queen
Count von Moltke	the count

Hechos históricos, acontecimientos especiales y festivos

Llevan mayúscula los nombres de hechos y períodos históricos, acontecimientos especiales, festivos y otras fechas especiales.

Battle of Midway	Miami Book Fair
Black History Month	Mother's Day
Columbus Day	National Pickle Week
Elizabethan Age	New Year's Day
Han Dynasty	Nicene Council
Hundred Years' War	Presidents' Day
Labor Day	Thanksgiving
Live AID Africa	World War II

Monumentos, sitios y edificios históricos

Llevan mayúscula los nombres de todos los monumentos, sitios y edificios históricos.

Arlington National Cemetery	the Prudential Building
the Chicago Loop	Times Square
the Latin Quarter	Washington Monument

Los días de la semana, los meses y las estaciones

Llevan mayúscula los días de la semana y los meses del año. Las estaciones no llevan mayúscula, salvo en el caso de que estén personificadas.

Tuesday	Wednesday	Friday
November	June	April
fall	winter	summer

Pero: have we not seen, Summer, your jeweled nights, your days young and fair?

Los documentos

Llevan mayúscula la primera palabra y todas las otras palabras salvo artículos (*a, an, the*) y preposiciones de menos de cinco letras (*in, to, out*) en estatutos, fueros, tratados, declaraciones, leyes y otros documentos oficiales. Sin embargo, cuando las palabras *estatuto, acta, tratado* o *ley* se usan solas, normalmente no llevan mayúscula.

Articles of Incorporation	Treaty of Orleans
Declaration of Independence	Uniform Commercial Code
Magna Carta	Wanger Act

Los títulos de publicaciones

Llevan mayúscula la primera palabra y todas las otras palabras salvo artículos y preposiciones de menos de cinco letras en los títulos de libros, capítulos, revistas, artículos, periódicos, composiciones musicales y otras publicaciones.

The Handmaid's Tale (ópera)
Harry Potter and the Chamber of Secrets (libro)
"The Midwest's Blue-Collar Blues" (artículo)
"Do Your Own Tune-Ups" (capítulo)
Kansas City Star (periódico)

Los puntos cardinales

Los puntos cardinales no llevan mayúscula cuando se refieren simplemente a la dirección o se usan como adjetivo. Llevan mayúscula cuando se refieren a las regiones de un país.

east	north	southwest	eastern
west	south	northwest	western
the South	the East	the Southwest	the Northeast
the North Central states			

Nombres y regiones geográficos

Llevan mayúscula todos los nombres y regiones geográficos de un país, continente o hemisferio.

Ciudades, municipios, países, estados, continentes

California	New York	South America
India	Niles Township	Western Hemisphere

Islas, penínsulas, estrechos, playas

Baja Peninsula	Strait of Magellan	Myrtle Beach
Canary Islands	Strait of Malacca	Padre Island

Lagos, ríos, cascadas, mares, océanos

Aegean Sea	Nile River	Victoria Falls
Lake Tahoe	Tinker Creek	Walden Pond

Montañas y sierras

the Andes	Kilimanjaro	Mount Fuji
Cascade Mountains	Mount Everest	Pikes Peak

Parques, bosques, cañones, presas

Aswan Dam	Humboldt Redwoods Forest
Bright Angel Canyon	Serengeti National Preserve
Three Gorges Dam	Yosemite National Park

Los términos científicos

Las reglas para el uso de la mayúscula con los términos científicos, en particular la clasificación de plantas y animales, pueden resultar complejas y desconcertantes. Esta sección presenta algunas reglas generales para el uso de la mayúscula con los términos más comunes.

Nombres comunes de plantas y animales. Normalmente los nombres de plantas y animales no llevan mayúscula, excepto los nombres o adjetivos propios que se usan con los nombres. Consulte el diccionario si tiene una duda.

black-eyed Susan	rhesus monkey
Cooper's hawk	Rhode Island red
border collie	Rocky Mountain sheep
golden retriever	rose of Sharon
jack-in-the-pulpit	Thomson's gazelle
mustang	thoroughbred
Persian cat	white leghorn fowl

Términos geológicos. Llevan mayúscula los nombres de eras, períodos, épocas o episodios pero no las palabras *era, period*, etcétera que se usan con el término.

Ice Age (referencia a la época glacial pleistoceno)

Lower Jurassic period	Pliocene epoch
Paleozoic era	Cambrian period

Términos astronómicos. Llevan mayúscula los nombres de asteroides, planetas y sus satélites, constelaciones y otros fenómenos astronómicos. En muchos casos, *earth, sun* y *moon* no llevan mayúscula, salvo si se usan en una frase con otras planetas.

Alpha Centauri	the Crab Nebula	Milky Way
Andromeda Galaxy	Demos	North Star
Arcturus	Halley's Comet	Orion
Big Dipper	the Leonids	Pleiades
Cassiopeia	Mercury	Saturn

Términos descriptivos relacionados con fenómenos astronómicos o meteorológicos no llevan mayúscula.

aurora borealis	meteor shower
blizzard	sun dogs
hurricane	tornado
the rings of Jupiter	the moons of Uranus

Términos médicos. Los nombres de enfermedades, síntomas, pruebas, medicamentos, etcétera, no llevan mayúscula. Sólo llevan mayúsculas los nombres y adjetivos propios o los nombres comerciales que se usan con estos términos.

aspirin	Parkinson's disease
finger-nose test	poliomyelitis
Guillain-Barré syndrome	Salk vaccine
infectious granuloma	tetracycline
acetaminophen	Tylenol

Términos físicos y químicos. No llevan mayúscula leyes, teoremas, principios, etcétera, pero sí los nombres y adjetivos propios que se usan con estos términos. Los símbolos químicos también llevan mayúscula pero no llevan puntos.

Boyle's law	Maxwell's equations
C^{14} or C-14	Newton's second law
carbon 14	Planck's constant
general theory of relativity	sulfuric acid
H_2SO_4	U^{238} or U-238
Lorenz transformations	uranium 238

Las mayúsculas con los números

Lleva mayúscula un nombre o una abreviatura antes de un número cuando se refiere a una parte formal de una obra literaria.

Act V, Scene 3	Paragraph 3 or Para. 3
Book IV	Section 44 or Sec. 44
Chapter 14 or Chap. 14	Unit 3

Las abreviaturas

El uso de las abreviaturas se ha visto sometido a varios cambios en las últimas décadas. La tendencia hoy en día es suprimir los puntos de la mayoría de las abreviaturas que se usan en la redacción. Sin embargo, dentro de un documento, el punto se puede o usar u omitir, siempre que el redactor sea constante. Por ejemplo, si *AM* aparece sin puntos en una frase, no debería usarse *A.M.* en otra.

Pautas generales

A continuación se ofrecen algunas pautas generales para el uso de las abreviaturas.

1. En la redacción formal o de empresa, el punto interno se suprime en la mayoría de las abreviaturas relacionadas con la hora, los títulos académicos, las medidas métricas, organizaciones, instituciones o entidades gubernamentales.

2. Salvo en el caso de nombres y títulos personales, no debe haber un espacio después del primer punto en el caso de abreviaturas con puntos internos (por ejemplo, N.W.).

3. En las abreviaturas de nombres y títulos personales, se inserta un espacio después del primer punto. (H. G. Wells, Lt. Col. Brice)

4. Si se tiene una duda sobre las abreviaturas de nombres personales o de empresa, siempre consulte con la persona o la compañía para determinar cómo prefieren que se escriba la abreviatura.

Nombres y tratamientos sociales

Esta sección presenta algunas reglas para las abreviaturas de nombres y tratamientos sociales.

Nombres personales. Evite el uso de abreviaturas para los nombres, salvo cuando se transcriba una firma.

Dorothy Brandt *no* Dor. Brandt
Charles Villiard *no* Chas. Villiard

Si la firma está escrita con abreviaturas, siga el estilo del autor.

Yours truly, Geo. C. Kelly
Sincerely yours, L. K. Geng

En algunas publicaciones de empresa se suprime el punto después de los iniciales. No obstante, para mayor claridad, es aconsejable usar puntos con todos los iniciales en los nombres.

Caroline S. Wilson   Robert J. Edwards
T. J. Warshell   A. Teresa Valdez

Si se refiere a la persona sólo por los iniciales de su nombre, no se usan puntos.

FDR (Franklin Delano Roosevelt)
LBJ (Lyndon Baines Johnson)
HD (Hilda Doolittle)

Los tratamientos sociales. Siempre se abrevian los tratamientos sociales, tanto si acompañan al apellido o al nombre completo. Note qué tratamientos se usan con o sin puntos. Si tiene una duda sobre si usar un punto con un tratamiento social, consulte un diccionario actualizado.

Mrs. Gloria Greenberg	Mr. Valentine Cancilleri
Ms. Barbara Walnum	M. Tricia (Thomas) Benton
Mme Cecilia Payne	Mlle Jane Tild
Messrs. Paul Mori and Norman Zuefle	Dr. Evelyn Veach

Cuando se usa un título civil o militar con el apellido solo, se escribe el título. Cuando se usa el nombre completo, se abrevia el título.

Senator Obama	Sen. Barack Obama
Alderperson Abuelos	Ald. Yvonne Abuelos
Representative Rush	Rep. Carlton J. Rush

El ejército ahora usa mayúsculas y no puntos para abreviar títulos. Sin embargo, se sigue usando la ortografía convencional de títulos militares en la mayoría de las redacciones civiles. Note que hay un espacio después del primer punto en un título abreviado.

Lieutenant Colonel Claire	LT COL Ruth Claire *o* Lt. Col. Ruth Claire
Staff Sergeant Oltman	SSG Frank Oltman *o* S. Sgt. Frank Oltman

Los títulos *Reverend* y *Honorable* se escriben si van precedidos de *the*. También se pueden usar con tratamientos sociales. *Reverend* nunca se usa con el apellido solo, pero el título se puede abreviar cuando se usa con el nombre completo de la persona.

the Reverend Betty J. Dell	Rev. Betty J. Dell
the Right Reverend Monsignor Carl L. Bernard	Rt. Rev. Msr. Carl L. Bernard
the Honorable Wilson O. Justman	Hon. Wilson O. Justman

Los títulos después de nombres. Los tratamientos sociales, los títulos académicos, las afiliaciones o la designación *Jr.* (junior), *Sr.* (senior), *II, III* (o *2d, 3d*) que siguen al nombre de una persona se consideran parte del nombre. Las abreviaturas *Jr.* y *Sr.* van separados del nombre por una coma, pero no las designaciones *II, III, 2d* o *3d*. Estas abreviaturas sólo se usan con el nombre completo, y nunca con el apellido solo (*Mr. Gregory Young, Jr.*, no *Mr. Young, Jr.*).

Njoki Salumbe, PhD	Richard Butzen, LLD
Daniel Cronon III, MA	Whitney Rune, Sr.

La abreviatura *Esq.* (*esquire*) se refiere a una persona que es abogado y nunca se usa en conjunción con otro título, vaya éste antes o después del nombre.

Sue Allen, Esq.	*no*	Ms. Sue Allen, Esq.
Carl Hanson, Esq.	*no*	Carl Hanson, Esq, PhD

Los tratamientos sociales también se suprimen si se usa un título después del nombre.

Harriet Long, MFA	*no*	Miss Harriet Long, MFA

Nombres con *Saint*. Cuando *Saint* precede al nombre de la persona, normalmente se abrevia a *St.*, aunque muchos prefieren escribir la palabra completa.

St. Catherine de Sienna	*o*	**Saint** Catherine de Sienna

Saint se omite normalmente antes de los nombres de apóstoles, evangélicos o fundadores religiosos.

Matthew	John	Luke	Mark
Paul	John the Baptist	Augustine	Jerome

Cuando use *Saint* con el nombre personal, siga el estilo preferido de la persona.

Ruth St. Denis
Adele St. Claire Hutchins
Alfred George Saint-Augustine

Nombres de empresas

Las siguientes abreviaturas se usan de forma habitual como parte de los nombres de empresas.

& (and)	Inc. (incorporated)
Assoc. (association, associates, associated)	Ltd. (limited)
Bro., Bros. (brothers)	Mfg. (manufacturing)
Co. (company)	RR, Ry (railroad)
Corp. (corporation)	

Las abreviaturas de los nombres de empresas pueden o no usar puntos. Es recomendable determinar cómo prefiere la empresa que se escriba su nombre. A continuación se ofrecen las abreviaturas más comunes:

IBM	Gor-Tex, Inc.
Ford Motor Co.	ATT
Warner Bros.	AOL
MCI	Canada NewsWire Ltd.

Agencias y organizaciones

Normalmente se abrevian sin puntos los nombres de agencias gubernamentales, empresas de radio y televisión, organizaciones sociales, asociaciones profesionales, sindicatos u otros grupos. No obstante, algunas publicaciones como *The New York Times* siguen usando puntos en estos casos. Cualquiera que sea el estilo que use, asegúrese de ser constante.

Sindicatos
AFL-CIO (American Federation of Labor—Congress of Industrial Organizations)
UMW (United Mine Workers)
UAW (United Auto Workers)

Agencias gubernamentales
HHS (Department of Health and Human Services)
DOT (Department of Transportation)
CIA (Central Intelligence Agency)

Organizaciones sociales
BSA (Boy Scouts of America)
YWCA (Young Women's Christian Association)
DAR (Daughters of the American Revolution)
VFW (Veterans of Foreign Wars)

Sociedades profesionales
PEN (Poets, Editors, and Novelists)
AMA (American Medical Association)

Términos geográficos

En algunos casos se pueden abreviar términos geográficos de más de una forma. Como siempre, lo importante es ser constante.

Abreviaturas de direcciones y estados. Las abreviaturas de las direcciones pueden estar con o sin puntos y con todas las letras o sólo la primera letra en mayúscula. Para las abreviaturas de las direcciones, el U.S. Postal

Service recomienda poner todas las letras en mayúsculas y sin puntos. A continuación se ofrece una lista de las abreviaturas más comunes que se usan en las direcciones.

Avenue	AVE, Ave.	Point	PT, Pt.
Expressway	EXPY, Expy.	Ridge	RDG, Rdg.
Hospital	HOSP, Hosp.	River	RV, Rv.
Heights	HTS, Hts.	Road	RD, Rd.
Institute	INST, Inst.	Rural	R, R.
Junction	JCT, Jct.	Shore	SH, Sh.
Lake	LK, Lk.	Square	SQ, Sq.
Lakes	LKS, Lks.	Station	STA, Sta.
Lane	LN, Ln.	Terrace	TER, Ter.
Meadows	MDWS, Mdws.	Turnpike	TPKE, Tpke.
Mountains	MT, Mt.	Union	UN, Un.
Palms	PLMS, Plms.	View	VW, Vw.
Park	PK, Pk.	Village	VLG, Vlg.
Parkway	PKY, Pky.		

Si un punto cardinal va después del nombre de una calle, no se usa puntos. Si precede al nombre, se usa puntos.

147 Eastwood NW   1737 Fifth Street SE
6 N. Michigan   2320 E. Grand

Se usan las abreviaturas postales para estados, territorios y las provincias canadienses. Estas abreviaturas van todas en mayúscula y no llevan puntuación.

ABREVIATURAS DE ESTADO

Alabama	AL	Nebraska	NE
Alaska	AK	Nevada	NV
Arizona	AZ	New Hampshire	NH
Arkansas	AR	New Jersey	NJ
California	CA	New Mexico	NM
Colorado	CO	New York	NY
Connecticut	CT	North Carolina	NC
Delaware	DE	North Dakota	ND
Florida	FL	Ohio	OH
Georgia	GA	Oklahoma	OK
Hawaii	HI	Oregon	OR
Idaho	ID	Pennsylvania	PA
Illinois	IL	Rhode Island	RI
Indiana	IN	South Carolina	SC
Iowa	IA	South Dakota	SD
Kansas	KS	Tennessee	TN
Kentucky	KY	Texas	TX
Louisiana	LA	Utah	UT
Maine	ME	Vermont	VT
Maryland	MD	Virginia	VA
Massachusetts	MA	Washington	WA
Michigan	MI	West Virginia	WV
Minnesota	MN	Wisconsin	WI
Mississippi	MS	Wyoming	WY
Missouri	MO	District of Columbia	DC
Montana	MT		

ABREVIATURAS EXTRANJERAS

Puerto Rico	PR	Guam	GU
Alberta	AB	Virgin Islands	VI
Manitoba	MB	British Columbia	BC
Newfoundland	NF	New Brunswick	NB
Nova Scotia	NS	Northwest Territories	NT
Prince Edward Island	PE	Ontario	ON
Saskatchewan	SK	Quebec	PQ
Labrador	LB	Yukon Territory	YT

Países. Los países se deben escribir con sus nombres completos siempre que sea posible. En el caso de que se abrevien, se usan puntos después de cada parte del nombre. Normalmente no hay un espacio después del primer punto.

England	Engl.
France	Fr.
Germany	Ger.
Italy	It.
Russia	Rus.
Spain	Sp.
Sweden	Swe.
United Kingdom	U.K. or G.B. (Great Britain)
United States	U.S.

Para las abreviaturas correctas de otros países, consulte un buen diccionario o atlas.

Nombres de lugares. Prefijos como *Fort, Mount, Point,* etcétera, que se usan con nombres geográficos no se deben abreviar salvo si hay limitaciones de espacio en el texto.

Fort Wayne	Ft. Wayne
Mount Everest	Mt. Everest
Point Townsend	Pt. Townsend
South Orange	S. Orange

La excepción a esta regla es con nombres que empiezan con *Saint,* donde a menudo se abrevia el prefijo. No obstante, nunca se abrevian los prefijos *San* o *Santa.*

San Cristobal	St. Lawrence Seaway
Santa Barbara	St. Louis

Los puntos cardinales. Los siguientes símbolos se usan como abreviaturas de los puntos cardinales.

N, S, E, W	NE, SE, NW, SW
S by SE	N by NW

Latitud y *longitud* no se abrevian cuando se usan solos o en un texto no técnico. En la notación técnica, se abrevian estos términos sin puntos y se insertan los puntos cardinales después de los grados de latitud y longitud.

the equatorial latitudes
longitude 22° west
lat 42°57′3″ N
long 90°27′5″ W

El calendario y la hora
Se pueden abreviar las designaciones del tiempo de más de una forma. Lo importante es ser constante.

La hora. Las abreviaturas que indican la hora pueden estar todas en mayúscula o bien en minúscula (o mayúscula pequeña).

AM, am, AM	(ante meridiem)	before noon
M, M	(meridian)	noon
PM, pm, PM	(post meridiem)	after noon

Los días de la semana, los meses del año. Se pueden abreviar los días de la semana de las siguientes maneras:

Monday	Mon., M
Tuesday	Tues., Tu
Wednesday	Wed., W
Thursday	Thurs., Th
Friday	Fri., F
Saturday	Sat., Sa
Sunday	Sun., Su

Se pueden abreviar los meses del año de las siguientes maneras:

January	Jan., Jan, Ja
February	Feb., Feb, F
March	Mar., Mar, Mr
April	Apr., Apr, Ap
May	May, My
June	June, Jun, Je
July	July, Jul, Jl
August	Aug., Aug, Ag
September	Sept., Sept, S
October	Oct., Oct, O
November	Nov., Nov, N
December	Dec., Dec, D

Los años. Las abreviaturas aceptadas señalan los años antes y después del nacimiento de Cristo.

La abreviatura AD (*anno Domini*—significa en el año del Señor) precede al año.

William the Conqueror landed on British shores in **AD 1066.**

BC (*before Christ,* o antes de Cristo) va después del año.

Alexander the Great died in the summer of **323 BC.**

Abreviaturas eruditas

Las reglas del uso de abreviaturas en la erudición son ampliamente aceptadas e incluyen las siguientes:

1. Las abreviaturas deben estar fuera del cuerpo del texto en lo posible, excepto en materias técnicas.

2. Las abreviaturas como *e.g., i.e.* o *etc.* se deben usar principalmente con material que está entre paréntesis.

3. Las abreviaturas eruditas como *ibid., cf., s.v.* y *op. cit.* se deben usar sólo en notas de pie de página, material bibliográfico y notas generales al texto.

A continuación se ofrece una lista de algunas de las abreviaturas eruditas más comunes. Para una lista completa, consulte un diccionario, un manual de erudición o un texto de gramática más detallado.

anon.	anonymous
biog.	biography
cf.	*confer*, compare
cont.	continued
def.	definition, definite
div.	division
e.g.	*exempli gratia*, for example
esp.	especially
hdqrs.	headquarters
i.e.	*id est*, that is
lit.	literally
mgr.	manager
ms.	manuscript
n.a.	not applicable, not available
pp.	pages
rev.	review, revised, revision
subj.	subject
trans.	translation, translated
vol.	volume
yr.	your, year

Las medidas

Las abreviaturas para unidades de medida son iguales independientemente de si la unidad es singular o plural.

Las medidas inglesas. Se insertan puntos después de las abreviaturas para longitud, área y volumen en la redacción no científica. Las abreviaturas son las siguientes:

Longitud		Área		Volumen	
in.	inch	sq. in.	square inch	cu. in.	cubic inch
ft.	foot, feet	sq. ft.	square foot	cu. ft.	cubic foot
yd.	yard	sq. yd.	square yard	cu. yd.	cubic yard
rd.	rod	sq. rd.	square rod		
mi.	mile	sq. mi.	square mile		
		a.	acre		

Las abreviaturas de peso y capacidad reflejan el complicado sistema de medidas inglesas. Hay tres sistemas en uso: *avoirdupois*, el sistema común; *troy*, el sistema usado en la joyería; y la medida de boticario. Aunque el sistema métrico se está adoptando en los Estados Unidos, estos otros sistemas siguen en uso. Las abreviaturas son las siguientes:

Peso		Medida seca		Medida líquida	
gr.	grain	pt.	pint	min.	minim
s.	scruple	qt.	quart	fl. dr.	fluid dram
dr.	dram	pk.	peck	fl. oz.	fluid ounce
dwt.	pennyweight	bu.	bushel	gi.	gill
oz.	ounce	c.	cup	pt.	pint
lb.	pound	tsp.	teaspoon	qt.	quart
cwt.	hundredweight	tbl.	tablespoon	gal.	gallon
tn.	ton	bbl.	barrel		

Las abreviaturas inglesas para las unidades estándares de tiempo son las siguientes:

sec.	second	h., hr.	hour
min.	minute	d.	day
mo.	month	yr.	year

El sistema métrico. El sistema métrico, adoptado desde hace años en publicaciones científicas, se va convirtiendo paulatinamente en el sistema nacional de pesos y medidas. Las unidades de medida básicas son el litro, el gramo y el metro. A continuación se ofrecen las abreviaturas que se usan con medidas métricas:

Longitud		Área		Volumen	
mm	millimeter	sq. mm	square millimeter	mm³	cubic millimeter
cm	centimeter	sq. cm	square centimeter	cc	cubic centimeter
dm	decimeter	sq. dm	square decimeter	dm³	cubic decimeter
m	meter	sq. m	square meter	m³	cubic meter
dam	dekameter	sq. dam	square dekameter		
ca	centare	sq. ca	square centare		
ha	hectare	sq. ha	square hectare		
km	kilometer	sq. km	square kilometer		

Capacidad		Peso	
ml	milliliter	mg	milligram
cl	centiliter	cg	centigram
dl	deciliter	dg	decagram
l	liter	g	gram
dal	dekaliter	dag	dekagram
hl	hectoliter	hg	hectogram
kl	kiloliter	kg	kilogram

La ciencia y la tecnología

El Sistema Internacional de Unidades (SI) es el más usado por científicos a nivel internacional para calificar medidas. SI es aproximadamente equivalente al sistema métrico. Sin embargo, en algunos casos, el método de formar abreviaturas varía entre las distintas disciplinas científicas. Para obtener una lista completa de abreviaturas científicas, consulte un manual técnico o científico.

A continuación se ofrecen las siete unidades fundamentales del SI, llamadas unidades base, que son los términos básicos de la ciencia.

Término	Unidad	Abreviatura
length	meter	m
mass	kilogram	kg
time	second	s
electric current	ampere	A
thermodynamic temperature	kelvin	K
amount of substance	mole	mol
luminous intensity	candela	cd

Las abreviaturas usadas en diferentes ramas de la ciencia pueden o no estar relacionadas con el Sistema Internacional. A continuación se ofrece una lista parcial de las abreviaturas más comunes. Note que no llevan puntos.

AC	alternating current	AM	amplitude modulation
AU	astronomic unit	BP	boiling point
cal	calorie	CP	candle power
CPS	cycles per second	DC	direct current
FM	frequency modulation	HP	horsepower
kw	kilowatt	MPG	miles per gallon
pH	acidity or alkalinity	RPM	revolutions per minute
std	standard	temp	temperature
UT, UTC	universal time		

Abreviaturas comerciales

Las abreviaturas usadas en el mundo de los negocios y el comercio varían en estilo. Las abreviaturas más comunes son las siguientes.

acct.	account	agt.	agent
a/v	ad valorem	bal.	balance
bbl.	barrel	bdl.	bundle
bu.	bushel	c.l.	carload
COD	cash on delivery	cr.	credit, creditor
cwt.	hundredweight	doz.	dozen
dr.	debit, debitor	ea.	each
f.o.b., FOB	free on board	gro.	gross

Los números

Igual que en el caso del uso de la mayúscula y las abreviaturas, las reglas para el uso de números en un texto son complejas y variadas. En este libro, proporcionamos las pautas generales más aceptadas por los expertos.

Los números arábigos y romanos

La mayoría de las cifras usadas hoy en día se expresan en números arábigos. No obstante, los números romanos se siguen usando con nombres, documentos, libros, fechas, etcétera. A continuación se ofrece una lista de números arábigos y sus equivalentes en números romanos.

Arábigo	Romano	Arábigo	Romano	Arábigo	Romano
1	I	16	XVI	90	XC
2	II	17	XVII	100	C
3	III	18	XVIII	200	CC
4	IV	19	XIX	300	CCC
5	V	20	XX	400	CD
6	VI	21	XXI	500	D
7	VII	22	XXII	600	DC
8	VIII	23	XXIII	700	DCC
9	IX	24	XXIV	800	DCCC
10	X	25	XXV	900	CM
11	XI	26	XXVI	1,000	M
12	XII	27	XXVII	2,000	MM
13	XIII	28	XXVIII	3,000	MMM
14	XIV	29	XXIX	4,000	$\overline{MV}$
15	XV	30	XXX	5,000	$\overline{V}$

Cifras o palabras

Si un número se debe deletrear o escribir en cifras depende de varios factores. Entre ellos están la extensión del número, lo que representa y el tipo de texto en que aparece—de empresa, personal, científico o erudito.

Como regla general, se usa la "regla de diez" para determinar si deletrear un número o expresarlo en cifras. Según esta regla, se deletrea el diez y los números inferiores a diez (*two, five, seven*) y cualquier número divisible por diez (*twenty, sixty, eighty*). Los otros números superiores a diez se escriben en cifras.

> Governors from **six** states urged passage of the water-rights bill.
> I ordered **three** dozen boxes of mint candies.
> Did you know this book has **1,345** pages?
> She turned **39** last year but doesn't look over **25**.
> Our flight will arrive in Hong Kong in **12** hours.
> We now have a **thirty**-year mortgage to pay off.

Los números redondos. Normalmente se deletrean los números que se usan como aproximaciones y no como cifras concretas, incluso cuando se trata de cientos de miles.

> The march drew an estimated **thirty-one thousand** people.
> About **three** to **four hundred thousand** people were left homeless by the floods.
> Some form of sun worship has existed in human culture for nearly **twelve thousand years**.

Los números muy grandes normalmente se expresan en cifras seguidas de *million, billion, trillion*, etcétera.

> It would cost **$3.5 billion** to send a piloted probe to Jupiter.
> The gross national product is nearly $257 **trillion**.
> The greater metropolitan Chicago area contains more than **7.2 million** people.

Los números ordinales. La misma regla de diez también rige para los números ordinales (*first, second, third*).

Luciano ranked **fifth** in a class of 356 students.
My two horses came in **first** and **ninth** in the afternoon race.
The **25th** article in the bylaws hasn't been revised.
Bjorn was given the **232d** and **233d** numbers out of 655.

Note que la forma para *second* y *third* es *d* y no *nd* o *rd*.

La constancia. La excepción a la regla de diez ocurre cuando números inferiores y superiores a diez se usan en serie o para referirse al mismo elemento en una frase o párrafo. Para mantener la constancia, los números inferiores a diez normalmente se expresan en cifras.

Joan's family has **5** children, **11** cats, **3** turtles, **15** gerbils, and **2** canaries.
In **ten** years, the population has grown from about **8,000** to **154,567**. (*Ten* se escribe porque no está relacionado con las cifras de la población, sino que va aparte. Compare esta frase con *In the past 10 to 15 years, the population has grown from about 8,000 to 154,567.* En este caso, se usa la cifra *10* porque forma parte de la misma categoría—los años—que el número *15.*)
We climbed the **102**-story building all the way to the top, but **four** of us had trouble making the last **2 or 3** stories. (Las cifras *2* y *3* se refieren al mismo elemento—el número de plantas. Sin embargo, *four* se refiere a otra categoría, el número de personas, y por lo tanto va deletreado.)

Los números contiguos. En algunas instancias, los números se usan juntos para más de un elemento en una frase. Para evitar la confusión, como regla general la menor de las dos cifras se expresa en palabras.

We developed **twenty-five 35 mm** slides yesterday.
The stock cars will go **14 two-mile** laps.
I'd like **250 thirty-seven-cent** stamps.
He bought **twelve 65-cent** labels.

La primera palabra de una frase. Se escriben números que empiezan una frase, independientemente de la inconstancia que esto pueda generar en el resto de la frase o del párrafo. Como regla general, si una frase tiene más de una cifra, o si la cifra es grande, vuelva a escribir la frase para que el número no vaya en primer lugar.

Twenty-seven people attended the banquet.

Fifteen cars piled up on the freeway, and **37** cars blocked the exit ramp.

Evite: **Twenty** out of every **100** people interviewed preferred daytime baseball games.

Mejor: Daytime baseball games were preferred by **20** out of every **100** people interviewed.

          o

          We found that **20** out of every **100** people interviewed preferred daytime baseball games.

Evite: **Nineteen twenty-seven** marked the first solo transatlantic flight in aviation history.

Mejor: The year **1927** marked the first solo transatlantic flight in aviation history.

La edad

Se expresa la edad exacta en cifras. La edad aproximada se puede expresar en palabras o cifras, pero asegúrese de que el mismo estilo se use en toda la redacción.

Theodore Roosevelt was elected Vice President when he was only **42**.

Andrea is **7** and Van is **14**.

The baby is **2** years and **6** months old.

She was about **sixty** when she first traveled to Africa.

My father is nearly **ninety**.

Los nombres

Los números romanos se usan para distinguir entre miembros de la misma familia que tienen el mismo nombre. No se usa coma entre el nombre y el número romano.

John Ellis **III** Bror von Blixen **IV**

Los números romanos también se usan para distinguir entre soberanos, emperadores y papas con el mismo nombre. Sin embargo, el uso moderno permite el uso de números arábigos en algunos casos.

John **XXIII** *o* John **23d**
Elizabeth **II**
Richard **III**

Vehículos como barcos, naves espaciales, coches o aviones también pueden llevar números romanos para distinguirlos de modelos anteriores con el mismo nombre. Aunque naves espaciales del programa NASA anteriormente llevaban números romanos, actualmente llevan números arábigos.

America ***IV***   *Bluebird* ***III***
Mercury ***II***   *Apollo* ***12***
Bell ***X-15***   *Saturn* ***2***

Designaciones gubernamentales

A diferencia de la "regla de diez," si un número se escribe o no en una designación gubernamental normalmente depende de si el número es inferior a cien.

Gobiernos. Los números ordinales se usan para nombrar sucesivas dinastías, gobiernos y legislaturas. Los números se deletrean si son menores a cien y preceden al nombre. En la mayoría de los casos, llevan mayúscula.

The **102d** Congress   **Third** Reich
First Continental Congress   **Twelfth** Dynasty
Eighty-sixth Congress   **Fourth** Republic

Distritos políticos. Cien y los números inferiores a cien que describen distritos políticos se deben escribir con ordinales y llevar mayúscula.

Forty-second Ward   **Thirty-fifth** Precinct
123d Congressional District   Circuit Court of Appeals for the
                                  Sixth Court

Las unidades militares. Cien y los números inferiores a cien que describen una subdivisión militar se escriben en ordinales.

The **101st** Airborne   **Eighty-sixth** Regiment
156th Fighter Wing   **Seventh** Fleet
Second Battalion   **110th** Artillery

Organizaciones

A continuación se ofrecen unas pautas para el uso de números en los nombres de organizaciones.

Sindicatos y logias. Se usan números arábigos para expresar cifras que nombran sucursales locales de sindicatos o logias fraternales.

Masonic Lodge No. **335**
Flight Attendants Union Local No. **127**
American Legion Post No. **34**

Iglesias. Se deletrean los números ordinales que se usan con organizaciones religiosas o lugares de culto.

First United Methodist Church
Seventh-day Adventists

Twenty-second Church of Christ, Scientist
Second Baptist Church

Corporaciones y actos oficiales.   Números que se usan en los nombres de empresas o en actos oficiales se pueden deletrear o expresar en números arábigos o romanos. En estos casos, es recomendable seguir el estilo de la organización en cuestión.

Fifth Third Bank   **1st** Federal Savings & Loan
3rd Annual Sport Jamboree   **XXIV** Olympics

Direcciones y vías públicas

El número del portal se debe expresar en cifras, salvo si es el número uno. Las calles numeradas de *uno* a *diez* se deletrean.

One East Superior   **354** Crain Street
1274 **23d** Street   **32** Second Avenue

Cuando la dirección es parte del nombre del edificio, el número normalmente se deletrea.

One Magnificent Mile
Thirty-three Prudential Plaza

Se usan cifras para todas las vías públicas nacionales.

U.S. Route **66** (U.S. 66)
Interstate **294** (I-**294**)
Arizona **103**
County Line **24**

La hora

Cuando la hora se expresa en horas enteras, medias o cuartos, los números normalmente se deletrean.

The movie starts at a **quarter past four.**
I didn't get home until **twelve o'clock** last night.
The meeting is set for **two o'clock** this Thursday.

Se usan cifras cuando se trata de la hora exacta o en designaciones de tiempo con AM o PM. Nunca se usa *o'clock* en estos casos.

The train pulled into Lisbon at **12:33** in the morning.
The full report should be on the **6:30** news.
Precisely at **5:00**, I saw him leave his apartment.
We'll meet here again at **5:15 PM** tomorrow.
He called at **12:20 AM** to say he had locked himself out of his house.

En el sistema de 24 horas, siempre se usan cifras. No se usa puntuación entre la hora y los minutos.

Our ship docks at **0615** on Wednesday.
Registration hours are from **0900** to **1130** and **1300** to **1530** every day except Sunday.

Las fechas
Esta sección presenta pautas para el uso de números en las fechas.

Día y mes. Cuando se escribe la fecha, puede usar día/mes/año o mes/día/año.

On **7 August 1975**, we left for Egypt.
I sent the letter on **April 14, 1983**, but I never received a reply.

Note que cuando se usa la forma de mes/día/año, se usa una coma antes y después del año para separarlo.

Cuando el día y el mes se usan solos, se deletrean las referencias a otra fecha en el mismo mes.

The order was dated **6 July.** We sent your package out on the **seventh.**

Se pueden usar palabras o cifras para el día cuando aparece solo o cuando el mes forma parte de una locución preposicional en una frase. La única regla es la de ser constante.

Paychecks are issued on the **5th** of each month.
Paychecks are issued on the **fifth** of each month.
On the **12th of April**, I signed the contract.
On the **twelfth of April**, I signed the contract.

Mes y año. Cuando una fecha se identifica sólo con el mes y año, la puntuación interna no es necesaria.

She entered school in **September 1979** when she turned 21.

El año solo o abreviado. Salvo en el caso de que esté al comienzo de la frase, el año se expresa en cifras independientemente de su extensión. No se usan comas en las cifras.

The Egyptian Nile Valley was heavily populated by **3500 BC**.
Early records indicate the settlement was occupied from **34 BC** to
    AD 67.

En las abreviaturas de los años, se suprimen las dos primeras cifras y se las sustituyen con un apóstrofe.

the class of **'69**
the spirit of **'76**
They were married in **'41**.

Siglos y décadas. Las referencias a siglos y décadas concretos se escriben en minúscula (siempre que no haya confusión respecto al siglo a que se refieren).

We are at the beginning of the **twenty-first** century.
Social upheaval during the **sixties** gave way to political conservatism
    in the **eighties**.

Si las décadas se identifican por el siglo, se usa el mismo estilo en toda la redacción.

Incorrecto: The **1880s** and **'90s** were a time of colonial expansion.

Correcto: The **1880s** and **1890s** were a time of colonial expansion.

Note que no hay apóstrofe antes de la *s* final después del año.

Eras. Se usan cifras para expresar fechas y palabras para expresar siglos, independientemente de si la designación de la era va antes o después de la fecha en cuestión. Las designaciones de era más comunes son las siguientes (note que no llevan puntos):

BC   before Christ (twelfth century BC)
AD   (*anno Domini*) in the year of the Lord (AD 1940)
AH   (*anno Hegirae*) in the year of (Muhammad's) Hegira (AH 736)
AH   (*anno Hebraico*) in the Hebrew year (AH 1426)
BCE   before the common era (2713 BCE)
BP   before the present (5892 BP)

Las designaciones *AD* y *AH* preceden a las cifras, mientras que las otras designaciones van después. Sin embargo, tanto AD como AH van después de los siglos expresados en palabras.

378 BC   AD 1945
13400 BP   AH 677
fourth century BC   fifteenth century AD

El dinero

Se usan cifras para expresar cantidades de dinero, tanto con dólares americanos como con divisas extranjeras. No obstante, se deletrean pequeñas cantidades de dinero cuando sólo se trata de un número o cuando el número actúa como adjetivo.

The car cost **$2,560**.
I changed **$4** for **£6**.
I remember when movies cost **twenty-five** cents.
They charge a **ten-dollar** fee.

Si se usa una abreviatura en vez de un símbolo para una divisa extranjera, se deja un espacio entre la abreviatura y la cifra.

Cuando dos divisas comparten el mismo símbolo (por ejemplo, el símbolo $ para las divisas canadiense y estadounidense), se usa un prefijo o sufijo para distinguir entre las dos.

His hotel bill totaled **$127.50 Canadian ($87.50 U.S.**) for a three-day stay.

Las cantidades fraccionarias y grandes. Las cantidades fraccionarias superiores a un dólar se expresan en cifras. Cantidades muy grandes se pueden expresar en cifras o en unidades de millón, billón o trillón.

I bought this book for **$12.00** and then saw the same item on sale for **$3.50**.
The clerk added up the charges of **$66.21**, **$43.90**, and **$23.10**.
A painting valued at **$3.2 million** was stolen from the gallery.

Note que cuando números enteros y cantidades fraccionarias van juntos, se usan cifras después del número entero. (*$12.00, $3.50*).

Los porcentajes

En general, los porcentajes se expresan en cifras seguidas de la palabra *percent*. En textos científicos o estadísticos, se usa el símbolo %.

Glenn's NOW account earns **7 percent** interest.
There is a **50 percent** chance of snow tomorrow.
Only **25%** of the blood samples tested yielded positive results.
Power outages rose by **15%** during the summer months.

Las fracciones y los decimales

Las fracciones y los decimales combinados se expresan en cifras. Se puede insertar un cero antes de fracciones decimales inferiores a 1.00 para que quede más claro.

24½ feet by **34¼** feet
up to **2.25** centimeters
a ration of **0.56** (*o* .56)
the CPI rose **1.5** percent

Si se usan varias fracciones decimales en una frase o un párrafo, asegúrese de que tengan el mismo número de espacios a la derecha del punto decimal.

Incorrecto: The variable rates for January were **.75** percent, **.4** percent, and **.96** percent.
Correcto: The variable rates for January were **.75** percent, **.40** percent, and **.96** percent.

Las fracciones simples se expresan en palabras. Si la fracción se usa como adjetivo, lleva un guión. Si actúa como nombre, aparece como dos palabras.

one-fifth share of the market
two-thirds majority
one tenth of their income
one quarter of the workers

Las medidas

En los textos científicos o de empresa, cantidades físicas como la distancia, la longitud, el volumen, la presión, el peso, etcétera, se expresan en cifras, sean números enteros o fracciones.

125 miles	**87** meters
450 volts	**4** pounds **10** ounces
.32 centimeter	**10°** of arc
98.6° Fahrenheit	**60** acres

En textos corrientes, la fracción puede ir escrita. Sin embargo, cuando una fracción y un número entero aparecen juntos, se usan cifras para expresar ambos números.

The stadium is about **three quarters** of a mile from the highway.
Give me a sheet of paper **8½** by **11** inches.
She ordered another box of **3½-by-5½-inch** cards.

Si una abreviatura o un símbolo se usa para una unidad de medida, la cantidad se debe expresar en cifras.

3¾ mi.	6 V	35 mm film
25 MPH	32 g	30 cc
5″ by 7″	10%-15%	36°30′ N

La temperatura
La temperatura se expresa en cifras con el símbolo de grado más la escala que se está utilizando.

15° F (Fahrenheit)
-20° C (Celsius, centigrade)
12° K (Kelvin)

Partes de un libro
Generalmente, las divisiones principales de un libro se expresan en números romanos y las divisiones menores en números arábigos. No obstante, siga el estilo usado en cada libro.

The material in **Part I, Chapters 6 through 8** covers how to refinance your house.

También se usan cifras arábigas para láminas, figuras, tablas, páginas, etcétera. La única excepción a esta regla ocurre con las páginas preliminares de un libro, que normalmente van en números romanos.

Be sure to read pages **i-ix** before starting Chapter 1.
Plate **7** in Chapter **23** provides an excellent illustration of a genetic sequence.
I don't think figure **3.1** is accurate.
He has the final numbers for tables **2-4**.

Los números inclusivos

Use las siguientes pautas para los números inclusivos. (Los ejemplos son números de página, que no requieren comas.)

1. Para números inferiores a 100, use todos los dígitos.

   4-23   86-92

2. Para 100 o múltiples de 100, use todos los dígitos.

   500-563

3. Para 101 a 109 (y múltiples de 100), cambie sólo el último dígito.

   101-4   503-6   1006-9

4. Para 110 a 199 (y múltiples de 100), cambie dos dígitos o más si es necesario.

   112-24   467-68   1389-91 14285-389

Los números inclusivos que no se refieren a páginas se escriben de la siguiente forma:

the winter of **1980-81**, but the winter of **2000-2001** (cuando cambia
  el siglo, use los cuatro dígitos)
the years **1234-1345**
fiscal year **1984-85**
AD **712-14**
243-221 BC (Se usan todos los dígitos con los años BC.)

Cuando se usa un período de fechas en un título, normalmente se
repiten todos los dígitos.

Brian Gregory's Journals: ***1745-1789***
World War II: ***1939-1945***

La ortografía y la división de palabras

El inglés suele dar la impresión de estar lleno de excepciones a las reglas de ortografía. Pero la mayoría de las palabras en inglés se forman con pautas generales, e incluso las excepciones se pueden clasificar para su referencia fácil. Las pautas presentadas en esta sección explican tanto cómo escribir las palabras más comunes como muchas palabras problemáticas. El apéndice D proporciona una lista de palabras frecuentemente mal escritas. Recuerde que la mejor guía de ortografía correcta es un diccionario actualizado.

Pautas para la ortografía

Esta sección se centra en los prefijos, sufijos y plurales. También recoge las reglas para el uso de las combinaciones de *i* y *e*.

Los prefijos

Un *prefijo* añadido al principio de una palabra cambia su significado. El prefijo no cambia, sin embargo, la ortografía de esa palabra. La mayoría de los prefijos se añaden sin guión.

mis + step = misstep
im + memorial = immemorial
un + burden = unburden
over + enthusiastic = overenthusiastic

pre + formed = preformed
in + tolerable = intolerable
non + food = nonfood
re + draw = redraw

Excepciones: los prefijos *ex, self* y *all* siempre llevan guión cuando se unen a un nombre.

ex + prizefighter = ex-prizefighter
self + awareness = self-awareness
all + inclusive = all-inclusive

Se usa guión cuando el prefijo va unido a un nombre o adjetivo propio.

non + English = non-English
pro + American = pro-American

Se usa guión cuando la palabra resultante se podría confundir con otra palabra similar con un significado diferente o cuando podría quedar visualmente confusa.

re + creation = re-creation (no *recreation*)
re + emphasize = re-emphasize
sub + subheading = sub-subheading

Los prefijos reflejan la gran cantidad de palabras y términos en inglés que provienen del griego, latín y francés. A continuación se ofrece una lista de los prefijos más comunes del inglés y sus significados.

Prefijo inglés antiguo	Significado	Ejemplo
a	en, sobre, de, hacia arriba, a	arise, awake
be	alrededor de, fuera	behead, bedevil
for, fore	fuera, desde	forsake, forewarn
mis	mal, de forma deficiente, no	misspell, mistake
over	sobre, excesivamente	overextend, oversee
un	no, el opuesto de	untidy, unnatural

Prefijo latín/ latín-francés	Significado	Ejemplo
ab, a, abs	de, desde, fuera	absent, abscond
ante	antes	antechamber, anteroom
bi	dos	biweekly, bisect
circum	alrededor de	circumspect
col, com, con, co, cor	con, unido	collide, companion, congregate, coexist, correlate
contra, contro	contra	contradict, controversial
de	fuera, desde, abajo	decline, depart
dif, dis	fuera, desde, opuesto a	disagree, differ
e, ef, ex	fuera, desde	efface, exit
im, in	en, (hacia) dentro	immerse, include
il, im, in, ir	no	illegal, immoral, inescapable, irreverent
inter	entre	intercept, interstate
intro, intra	(hacia) dentro	introduce, intrastate
non	no	nonclinical, nonessential
post	después, seguido	postscript, postoperative
pre	antes	preceding, prevent
pro	hacia delante, en lugar de, a favor de	proceed, pronoun, pro-Canadian
re	hacia atrás de nuevo	recede, recur, reduce
retro	hacia atrás	retroactive, retrojets
semi	mitad	semicircle, semimonthly
sub, suf, sum, sup, sus	abajo, debajo	suburb, suffuse, summon, support, suspicion
super	encima, sobre, extra	supervise, superfluous
trans	a través, más allá	transport, transnational
ultra	más allá, excesivamente	ultraviolet, ultramodern

Prefijo griego	Significado	Ejemplo
a	faltando, sin	amoral, atheist
anti	contra, opuesto a	antismoking, antithesis
apo	desde, fuera	apology
cata	abajo, fuera, a fondo	cataclysm, catacomb
dia	por, a través, aparte	diameter, dialogue
epi	a, sobre, entre, junto a	epidemic, epigraph
eu	bueno, agradable	euphoria, eulogy
hemi	mitad	hemisphere
hyper	excesivo, sobre	hyperactive, hypertension
hypo	abajo, debajo	hypodermic, hypotension
para	junto a, más allá	parallel, paradox
peri	alrededor de	perimeter, peripheral
pro	antes	prognosis, progress
syl, sym, syn, sys	junto a, con	syllable, sympathy, synthesis, systematic

Los sufijos

Un *sufijo* se añade al final de la palabra. En muchos casos, la ortografía de la palabra no cambia.

sly + ly = slyly
awkward + ness = awkwardness
work + able = workable

El sufijo *elect*, sin embargo, siempre se usa con guión.

secretary + elect = secretary-elect
president + elect = president-elect

En varias ocasiones la ortografía de la palabra sí cambia cuando se le añade un sufijo. Las siguientes pautas clasifican estos cambios.

La *y* final como un sonido *e* largo. Si la *y* final de una palabra representa un sonido *e* largo, se la cambia a una *i* antes de añadir el sufijo *ness* o *ly*.

merry + ly = merrily
dizzy + ness = dizziness

La *y* final precedida de una consonante. En las palabras que terminan en una *y* precedida de una consonante, se cambia la *y* a *i* antes de cualquier sufijo que no empiece con *i*.

sunny + er = sunnier
happy + ly = happily (pero *hurry + ing = hurrying*)

La *e* final ante un sufijo que empieza con una vocal. La *e* final se suprime ante un sufijo que empieza con una vocal.

dare + ing = daring
sale + able = salable

La única excepción a esta regla es cuando la *e* final se mantiene para preservar el sonido de una *c* o *g* suave en una palabra.

notice + able = noticeable
courage + ous = courageous

La *e* final ante un sufijo que empieza con una consonante. Se mantiene la *e* final cuando se añade un sufijo que empieza con una consonante.

use + ful = useful
care + less = careless

Hay algunas excepciones a esta regla:

true + ly = truly (pero *sincere + ly = sincerely*)
argue + ment = argument

La *e* final con el sufijo *ment*. Cuando la *e* final de una palabra es precedida de dos consonantes, se suprime la *e* final ante el sufijo.

acknowledge + ment = acknowledgment
judge + ment = judgment

Cuando la *e* final de una palabra es precedida de una vocal y una consonante, se mantiene la *e* final ante el sufijo.

manage + ment = management

Consonante doble final ante un sufijo que empieza con una vocal. Se dobla la consonante final de una palabra cuando (1) la palabra es de una sola sílaba, (2) el acento cae en la última sílaba de la palabra (*prefer*), o (3) la palabra termina en una sola consonante precedida de una sola vocal.

drag + ed = dragged
sit + ing = sitting
omit + ing = omitting
ocCUR + ed = occurred
preFER + ing = preferring (pero *PREferable*)
contROL + able = controllable

Consonante simple final ante un sufijo. La consonante final se mantiene simple si el acento de la palabra cae en la primera sílaba; si la consonante final ya es doble, se mantiene doble.

TARget + ed = targeted
CANcel + ing = canceling
tell + ing = telling
pull + ed = pulled

Palabras que terminan en un sonido *c* duro. Con las palabras que terminan en un sonido *c* duro, se añade *k* antes de los sufijos *in, ed* o *y*.

panic + y = panicky
picnic + ing = picnicking

traffic + ed = trafficked
mimic + ing = mimicking

Los sufijos *sede, ceed y cede*. Sólo una palabra en inglés termina en *sede.*

super + sede = supersede

Sólo tres palabras en inglés terminan en *ceed.*

exceed   proceed   succeed

Todas las otras palabras con sonidos similares terminan en *cede.*

precede   recede   secede   concede   accede

Los sufijos *able* e *ible*. Los sufijos *able* e *ible* suenan igual y tienen el mismo significado, "capaz de ser" o "merecedor de ser". Se añaden a verbos o nombres para formar adjetivos.

irritate + able = irritable
permissive + ible = permissible

Existe una regla general útil que funciona con la mayoría de las palabras para determinar si usar *able* o *ible*. Cuando se puede formar una palabra relacionada terminando en *ation, able* es el sufijo correcto. Cuando se puede formar una palabra relacionada terminando en *ion* o *ive, ible* es correcto.

dur*ation* = dur*able*
irrit*ation* = irrit*able*
repress*ion* = repress*ible*
permiss*ion* = permiss*ible*

Si una palabra no se encuentra en el diccionario, se escribe con *able.*

Cuando se añade el sufijo *able* a una palabra que termina en *e*, se suprime la *e* final, salvo si va precedida de una *c* o *g*.

desire + able = desirable
use + able = usable
notice + able = noticeable
knowledge + able = knowledgeable

Los sufijos *ant* y *ent*, *ance* y *ence*. Se añaden los cuatro sufijos *ant, ent, ance* o *ence* para convertir verbos en nombres o adjetivos.

attend + ant = attendant
insist + ent = insistent
attend + ance = attendance
insist + ence = insistence

Desafortunadamente, no existe una regla para determinar el sufijo que hay que usar. Aprenda la ortografía de las palabras que llevan estas terminaciones. Sin embargo, si la palabra que quiere escribir no se encuentra en el diccionario, use *ant* o *ance*.

Los sufijos *er* y *or*. Los sufijos *er* y *or* suenan igual y ambos significan *uno que*. Algunas palabras se pueden escribir con cualquiera de las dos terminaciones.

act + or = actor	advise + or = advisor
drive + er = driver	advise + er = adviser
visit + or = visitor	speak + er = speaker

El sufijo *er* es el más común y se añade a todas las palabras nuevas en inglés. El sufijo *or* se usa principalmente con palabras de raíz latina, particularmente términos jurídicos, y ya no se añade a otras palabras en inglés. Si no se puede encontrar una palabra en el diccionario, use el sufijo *er*.

Los sufijos *ize* e *ise*. Se añaden los sufijos *ize* e *ise* a adjetivos o nombres para formar verbos. El sufijo *ize* se usa en el inglés americano, y el sufijo *ise* en el inglés británico.

legal + ize = legalize
custom + ize = customize
critic + ize = criticize

Algunas palabras pueden tener cualquiera de estos sufijos como terminación, mientras otras se escriben sólo con *ise*.

mesmer + ise = mesmerise
mesmer + ize = mesmerize

advise   exercise   enterprise   disguise   chastise

Si una palabra no se encuentra en el diccionario, use el sufijo *ize* como terminación.

Igual que los prefijos, los sufijos en inglés provienen de varias fuentes: inglés antiguo, griego, latín y francés. A continuación se ofrece una lista de los sufijos más comunes para nombres, adjetivos y verbos, con sus significados.

Sufijo nominal

inglés antiguo	Significado	Ejemplo
dom	estado, rango, condición	kingdom, wisdom, martyrdom
er	practicante, creador	writer, teacher
hood	estado, condición	statehood, brotherhood
ness	cualidad, estado	hardness, likeness

Sufijo nominal latín, francés, griego

Sufijo nominal latín, francés, griego	Significado	Ejemplo
age	proceso, estado, rango	peerage, passage
ance, ancy	acto, condición, hecho	vigilance, vacancy
ard, art	el que es o hace (en exceso)	coward, braggart
ate	oficio, rango	delegate, potentate
ation	acción, estado, resultado	occupation, starvation
cy	estado, condición	delinquency, accuracy
ee	el que recibe una acción	retiree, employee
eer	practicante	engineer, mountaineer
ence	acto, condición, hecho	evidence, sentence
er	practicante, nativo de	financier, baker
ery	habilidad, acción, colección	surgery, cookery
ess	femenino	princess, lioness
et, ette	pequeño, femenino	islet, majorette
ion	acción, resultado, estado	union, conclusion
ism	acto, manera, doctrina	baptism, barbarism, feminism
ist	practicante, creyente	plagiarist, socialist
ition	acción, estado, resultado	sedition, expedition
ity	estado, cualidad, condición	civility, rarity
ment	medio, resultado, acción	embarrassment, fulfillment
or	practicante, oficio, acción	actor, juror
ry	condición, práctica, colección	archery, jewelry
tion	acción, condición	delegation, destruction
tude	cualidad, estado, resultado	multitude, fortitude
ty	cualidad, estado	witty, beauty
ure	acto, resultado, medio	culture, ligature
y	resultado, acción, cualidad	arty, jealousy, handy

Sufijo adjetival

inglés antiguo	Significado	Ejemplo
en	hecho de, como	silken, golden
ful	lleno de, distinguido por	thoughtful, careful
ish	que sugiere, como	prudish, childish
less	faltando, sin	thankless, hopeless
like	parecido a, similar	catlike, dreamlike
ly	como, de una manera	heavily, friendly
some	proclive a, que demuestra	worrisome, tiresome
ward	en la dirección de	forward, downward
y	que muestra o sugiere	heavy, wavy, rocky

Sufijo adjetival

extranjero	Significado	Ejemplo
able	capaz, probable	workable, likeable
ate	teniendo, mostrando	animate, duplicate
escent	convirtiéndose en, aumentando	obsolescent
esque	en el estilo de, como	statuesque, picturesque
fic	haciendo, causando	terrific
ible	capaz, probable, apropiado	producible, edible
ose	distinguido por, dado a	bellicose, comatose
ous	distinguido por, dado a	wondrous, religious

Sufijo adjetival/ nominal

extranjero	Significado	Ejemplo
al	practicante, perteneciente a	ritual, autumnal
an	alguien perteneciente a	American, human
ant	actor, agente, demostrando	servant
ary	alguien perteneciente a, conectado con	functionary, adversary
ent	haciendo, demostrando, actor	agent, confident

Sufijo adjetival/ nominal extranjero	Significado	Ejemplo
ese	de un lugar o estilo	Japanese, journalese
ian	perteneciente a	reptilian, Sicilian
ic	que se trata de, causado por, persona o cosa	scientific, epidemic
ile	distinguido por, alguien distinguido por	senile, juvenile
ine	distinguido por, que se trata de, alguien distinguido por	divine, feline, marine
ite	formado, demostrando, alguien distinguido por	Muscovite, favorite, composite
ory	haciendo, perteciente a, lugar o cosa para	accessory, observatory

Sufijo verbal inglés antiguo	Significado	Ejemplo
en	causar, llegar a ser	enliven, awaken

Sufijo verbal extranjero	Significado	Ejemplo
ate	convertirse en, formar, tratar	formulate, agitate
esce	llegar a ser, crecer, continuar	convalesce, acquiesce
fy	hacer, causar, causar daño	fortify, glorify
ish	hacer, realizar	finish, distinguish
ize	hacer, causar ser	mobilize, sterilize

Los plurales

Ya hemos tratado brevemente el plural de las palabras; en esta sección ofrecemos una explicación más detallada.

Los nombres regulares. El plural de la mayoría de los nombres se forma añadiendo una *s*.

Singular	Plural
eagle	eagles
minister	ministers
record	records

Los nombres irregulares. Con la mayoría de los nombres irregulares, la ortografía de la palabra cambia al formar el plural. Como no hay una regla para estos cambios ortográficos, es necesario memorizar las formas irregulares.

Singular	Plural
child	children
goose	geese
man	men
mouse	mice
woman	women

Algunos nombres irregulares mantienen la misma forma en el singular y plural.

Singular	Plural
deer	deer
sheep	sheep
species	species

Los nombres que terminan en *s, ss, z, sh, ch* y *x*. El plural de los nombres que terminan en *s, ss, z, sh, ch* o *x* se forma añadiendo *es*.

Singular	Plural
address	addresses
box	boxes
buzz	buzzes
dish	dishes
fez	fezes
gas	gases
kiss	kisses
watch	watches

Los nombres que terminan en *y*. Se forma el plural de los nombres que terminan en *y* precedida de una consonante, cambiando la *y* a *i* y añadiendo *es*. En nombres que terminan en *y* precedida de una vocal, simplemente se añade *s*.

NOMBRES QUE TERMINAN EN *Y* PRECEDIDA DE UNA CONSONANTE

Singular	Plural
category	categories
currency	currencies
secretary	secretaries
territory	territories

NOMBRES QUE TERMINAN EN *Y* PRECEDIDA DE UNA VOCAL

Singular	Plural
delay	delays
holiday	holidays
relay	relays
Wednesday	Wednesdays

Nombres que terminan en *o*. Se forma el plural de nombres que terminan en *o* precedida de una consonante añadiendo *s* o *es*. Si la *o* es precedida de una vocal, se añade *s*.

NOMBRES QUE TERMINAN EN *O* PRECEDIDA DE UNA CONSONANTE

Singular	Plural
hero	heroes
potato	potatoes
solo	solos
tomato	tomatoes
zero	zeroes

NOMBRES QUE TERMINAN EN *O* PRECEDIDA DE UNA VOCAL

Singular	Plural
radio	radios
stereo	stereos
studio	studios

Se forma el plural de términos musicales o literarios que terminan en *o* añadiendo una *s*.

Singular	Plural
oratorio	oratorios
piano	pianos
rondo	rondos
soprano	sopranos

Nombres que terminan en *f* o *fe*. Con la mayoría de los nombres que terminan en *f* o *fe* simplemente se añade una *s* para formar el plural. En algunos nombres, sin embargo, se sustituye la *f* por una *v* y se añade *es*.

SE AÑADE *S*

Singular	Plural
chief	chiefs
dwarf	dwarfs

SE SUSTITUYE *F* O *FE* POR *V* Y SE AÑADE *ES*

Singular	Plural
half	halves
knife	knives
life	lives
self	selves
wife	wives
wolf	wolves

Los nombres compuestos que se escriben como una sola palabra. Con los nombres compuestos que se escriben como una palabra y que terminan en *s, sh, ch* o *x*, se forma el plural añadiendo *es*. En todos los otros casos, se forma el plural simplemente añadiendo *s*.

NOMBRES COMPUESTOS DONDE SE AÑADE *ES*

Singular	Plural
lockbox	lockboxes
toothbrush	toothbrushes

NOMBRES COMPUESTOS DONDE SE AÑADE *S*

Singular	Plural
firefighter	firefighters
mainframe	mainframes

Los nombres compuestos que se escriben como dos palabras. Con los nombres compuestos que se escriben como dos o más palabras, la palabra principal es la que se forma en el plural.

Singular	Plural
chairman of the board	chairmen of the board
editor in chief	editors in chief
notary public	notary publics *or* notaries public
vice president	vice presidents

Los nombres compuestos que llevan guión. Se forma el plural de los nombres compuestos que llevan guión añadiendo una *s* a la palabra principal o, si no hay una palabra principal, añadiendo una *s* al final del nombre compuesto.

SE AÑADE *S* A LA PALABRA PRINCIPAL

Singular	Plural
ex-governor	ex-governors
passer-by	passers-by
president-elect	presidents-elect
son-in-law	sons-in-law

SE AÑADE *S* AL FINAL DEL NOMBRE COMPUESTO

Singular	Plural
grown-up	grown-ups
start-up	start-ups
trade-in	trade-ins
write-in	write-ins

Las palabras extranjeras. Se forma el plural de algunas palabras extranjeras de la misma forma en la que se haría en el idioma originario.

Singular	Plural
alumna (mujer)	alumnae
alumnus (varón)	alumni
basis	bases
crisis	crises
datum	data
tableau	tableaux

Con otras palabras extranjeras, se forma el plural o de la forma en la que se haría en el idioma originario o bien añadiendo *s* o *es* como en inglés. Si tiene una duda sobre la forma preferida, consulte un diccionario.

Singular	Plural extranjero	Plural inglés
appendix	appendices	appendixes
formula	formulae	formulas
index	indices	indexes

Números, letras, palabras, símbolos. Se forma el plural de números, letras, palabras y símbolos añadiendo *'s* al término.

three 5's	two &'s and three #'s
use l's and m's	yes's and no's

¿ie *o* ei?

Se escribe *i* antes de *e*, excepto después de *c*, para representar el sonido *e* largo en una palabra.

believe	relieve
grievance	retrieve
piece	thief

Las excepciones a esta regla son las palabras *either, neither, leisure, seized* y *weird.*

Se escribe *e* antes de *i* después de *c* para representar el sonido *e* largo en una palabra.

ceiling	receipt
deceive	receive

Se escribe *e* antes de *i* cuando el sonido no es una *e* larga.

eight	neighbor
freight	weigh
height	weight

La división de palabras

Igual que las reglas de ortografía, las reglas para la división de palabras pueden parecer arbitrarias. Sin embargo, siguen pautas muy específicas. Las siguientes reglas explican los fundamentos de cómo dividir palabras correctamente. Un buen diccionario es la mejor guía para la división correcta de las palabras.

Reglas generales

A continuación se ofrecen dos reglas generales para la división de palabras.

1. Evite la división de palabras al final de más de tres líneas sucesivas.

   Evite: We came into the confer-
            ence hall late but man-

aged to find our seat-
ing arrangements before
the first speaker began.

Mejor: We came into the conference hall late but man-
aged to find our seating
arrangements before the
first speaker began.

2. Evite la división de una palabra al final de una página o en el caso de la última palabra de un párrafo.

Las sílabas y la división de palabras

Las palabras sólo se dividen entre sílabas. Por lo tanto, palabras de una sílaba como *trough, while* o *there* nunca se dividen.

Cada sílaba en la división de una palabra debe tener una vocal; por lo tanto, no se pueden dividir la mayoría de las formas contraídas.

con-trol (no *con-tr-ol*)   couldn't (no *could-n't*)
hy-drau-lic (no *hy-dr-au-lic*)   isn't (no *is-n't*)

Cuando se divide una palabra, debe haber más de una letra en la primera línea y más de dos letras en la segunda línea.

Incorrecto: He apologized to everyone most **sincerely.**
Correcto: He apologized to everyone most **sincerely.**
Incorrecto: She told reporters that all her **jewel-
ry** had been stolen.
Correcto: She told reporters that all her **jew-
elry** had been stolen.
Incorrecto: "Look at this letter; it's full of **e-
rasures.**"
Correcto: "Look at this letter; it's full of **era-
sures.**"

Incorrecto: He's not sick. He's suffering from a-
                   pathy.
Correcto: He's not sick. He's suffering from ap-
                   athy.

Sílabas de una sola letra

Una sílaba de una sola letra siempre será una vocal. En general, una sílaba de una letra dentro de una palabra debe permanecer con la primera parte de la palabra y no trasladarse a la segunda línea.

bus-i-ness = busi-ness (no *bus-iness*)
ox-y-gen = oxy-gen (no *ox-ygen*)
sep-a-rate = sepa-rate (no *sep-arate*)

Cuando dos sílabas de una letra coinciden en una palabra, se divide la palabra entre las sílabas de una letra.

grad-u-a-tion = gradu-ation (no *grad-uation*)
in-sin-u-a-tion = insinu-ation (no *insin-uation*)

Cuando la sílaba de una letra *a, i* o *u* va seguida de una sílaba final *ble, bly* o *cal*, se unen las dos últimas sílabas y se las traslada a la siguiente línea.

cler-i-cal = cler-ical (no *cleri-cal*)
de-pend-a-ble = depend-able (no *dependa-ble*)

Las consonantes finales y dobles

Si una consonante final precedida de una vocal se dobla antes de añadir el sufijo, se divide la palabra entre las dos consonantes.

plan + ing = planning = plan-ning
set + ing = setting = set-ting
win + ing = winning = win-ning

Si la raíz termina en una doble consonante antes de que se añada el sufijo, se divide la palabra entre la raíz y el sufijo.

assess + ing = assessing = assess-ing
tell + ing = telling = tell-ing

Nunca se divide una palabra entre dos o tres consonantes que se pronuncian como una.

catch-ing (no *cat-ching*)
cush-ion (no *cus-hion*)
leath-ery (no *leat-hery*)

Las palabras que llevan guión

Sólo pueden dividirse las palabras que llevan guión y las palabras compuestas con guión donde el guión las une.

self-assessment = self-assessment (no *self-assess-ment*)
ex-husband = ex-husband (no *ex-hus-band*)
client-oriented approach = client-oriented approach (no *client-oriented approach*)

Nombres propios

Evite la división del nombre de una persona o de cualquier nombre propio. Separe tratamientos sociales, títulos o iniciales de los nombres sólo cuando es inevitable.

Evite: Mrs. Joan Cunning-
              ham
Mejor: Mrs. Joan Cunningham
Evite: Ms. Angela
              Sortino
Mejor: Ms. Angela Sortino

Evite: George Watson,
            PhD
Mejor: George Watson, PhD

Cifras y abreviaturas

Como regla general, evite la división de cifras y abreviaturas. Sin embargo, si hay que dividir las partes de una dirección o una fecha, use las siguientes pautas.

La división de las direcciones
Evite: 15
            Water Street
Mejor: 15 Water
            Street
Evite: 557 West Lock-
            port
Mejor: 557 West
            Lockport
Evite: 1903
            71st Avenue
Mejor: 1903 71st
            Avenue
Evite: New York, New
            York
Mejor: New York,
            New York

La división de las fechas
Evite: August
            20, 1976
Mejor: August 20,
            1976
Evite: September 15, 19-
            55
Mejor: September 15,
            1955

Consideraciones estilísticas

Aunque el estilo de escribir es una cuestión muy individual, a lo largo de los años se han elaborado reglas y pautas generales para producir prosa precisa, viva e informativa. Esta parte se centra en la construcción de frases y los distintos tipos de frase; la brevedad, la claridad y la precisión; y el lenguaje género-inclusivo.

Las frases

A la hora de construir frases, es fácil caer en uno de los dos extremos: frases cortas y abruptas o largas y enrevesadas. A veces las ideas se expresan en declaraciones breves y abruptas que dejan al lector corto de aliento. En otras instancias, la frase empieza con una idea, y luego se va añadiendo un modificador aquí, un calificativo allá, más algún dato incidental. Al terminar la frase, se ha convertido en un verdadero laberinto verbal para el lector.

Redactar frases claras e informativas es un arte que requiere a su vez el empleo hábil de las reglas gramaticales. Las pautas que presentamos en esta sección explican cómo componer frases que transmiten el significado deseado y captan el interés del lector.

Las siguientes pautas muestran cómo usar los diferentes tipos de frase para expresar ideas.

Use la claridad y el significado como criterios para la construcción de una buena frase

Cada frase debe decir *algo* sobre la idea principal del párrafo sin decir *demasiado ni demasiado poco*. La comprensión del lector se debe forjar paso a paso a base de datos clave y fácilmente asimilables. En el siguiente ejemplo, los datos se han presentado en bocados demasiado pequeños, creando un estilo abrupto.

Abrupto: Hank sailed around the world. He did it alone in a thirty-foot sailboat. His radio was his only link with the outside world. He caught fish for his meals and trapped rainwater to drink. His solitary journey took 168 days.

En el segundo ejemplo, se ha cometido el error opuesto de intentar decirlo todo en una sola frase.

Complejo: Hank sailed around the world in 168 days in a thirty-foot sailboat with only a radio to connect him to the outside world and only fresh fish and rainwater to keep his provisions stocked.

Ambos ejemplos expresan ideas completas, pero la información queda confusa en cuanto a claridad y significado por la forma de presentarla. ¿Cuáles son los datos más importantes de la historia? ¿Hay alguna forma de ordenar la información para que el lector aprecie los datos clave y los distinga de los que son meramente interesantes?

En la siguiente revisión, se ha ordenado la información, usando la claridad y el significado como criterios para la construcción de la frase.

Revisado: Hank completed his record solo voyage around the world in a mere 168 days. He made the journey in a thirty-foot sailboat, whose shortwave radio served as his only link with the outside world. He kept his provisions stocked by catching fish and trapping rainwater to drink.

En la versión revisada, el lector tiene no sólo la información necesaria sino también una idea de su importancia y significado.

Incluya sólo una o dos ideas en cada frase

Muchas veces uno se pierde en frases largas y enrevesadas porque se deja llevar por la libre asociación en vez de optar por una construcción cuidadosa de sus ideas. Si muchas ideas se presentan en una frase, no le deja al lector tiempo para asimilar toda la información. Antes de que haya podido absorber la primera idea, una segunda ya la ha desplazado. Tales frases se pueden dividir en construcciones más cortas y sencillas.

Original: Our study on the impact of the Environmental Pollution Act revealed that water quality has improved by an average of 35 percent in 14 states but toxic waste is still a major concern among most residents because this issue has not been addressed in any systematic way because of confusion within the Environmental Protection Agency about how to enforce the regulations.

Las conjunciones como *and, but* o *because* constituyen muchas veces una señal de dónde se puede empezar una nueva frase. El párrafo anterior se puede volver a escribir de la siguiente forma:

Revisado: Our study on the impact of the Environmental Pollution Act revealed that water quality has improved by an average of 35 percent in 14 states. Toxic waste, however, is still a major concern among most residents. This issue has not been addressed systematically because the Environmental Protection Agency has not set guidelines on enforcing toxic waste regulations.

En la versión revisada, cada frase tiene sólo una o dos ideas. El lector tiene tiempo para absorber la información de cada frase antes de continuar con la siguiente.

Varíe el patrón de frase para evitar el uso monótono de una construcción concreta

Uno puede de forma inconsciente adoptar un patrón de frase y usarlo repetidamente a lo largo de un párrafo. Si se trata de un patrón corto y abrupto, puede producir un tono frío y distante. Por otro lado, si todas las frases empiezan con una oración subordinada, puede dar la impresión de que el redactor está tomando una ruta circular para llegar a la idea principal.

En inglés se pueden construir las frases de varias formas para darles interés y vivacidad. Combinar en un párrafo los cuatro tipos básicos de frase—simple, compuesto, complejo y complejo-compuesto—facilita para el lector el paso de una idea a otra.

Revisemos los cuatro tipos básicos de frase:

Simple:	I would like to go home. (una oración independiente sin oración subordinada)
Compuesto:	I'm not feeling well, and I would like to go home. (dos o más oraciones independientes, sin una oración subordinada)
Complejo:	Because I'm not feeling well, I would like to go home. (una oración independiente y una o más oraciones subordinadas)
Complejo-compuesto:	I'm not feeling well <u>because I ate six taffy apples</u>, and I would like to go home. (dos o más oraciones independientes y una o más oraciones subordinadas—subrayada)

El siguiente ejemplo se ha redactado exclusivamente a base de frases simples cortas. La versión revisada usa frases complejas y compuestas para variar los tipos de frase. Lea las dos versiones en voz alta. Note cómo el cambio de ritmo afecta la percepción y los sentimientos del lector en cuanto a la información presentada.

Monótono:	Bond entered Mecca through the south gate. The sun was high overhead. Its brutal heat struck him speechless. Pilgrims blocked the narrow streets and alleyways. His guide found him lodgings near the mosque. He would be contacted soon by the Mecca agent. He had only two days left to complete his mission.
Variado:	Bond entered Mecca through the south gate. The sun was high overhead, and its brutal heat struck him speechless. In every section of the city, pilgrims blocked the narrow streets and alleyways. His guide found him lodgings near the mosque, and Bond settled in to wait for the Mecca agent. With only two days left to complete his mission, Bond hoped the man would arrive soon.

En el siguiente ejemplo, se ha usado oraciones subordinadas preliminares en todas las frases. Lea las dos versiones en voz alta y observe cómo al variar la construcción de las frases, cambian el ritmo y tono del texto.

Monótono: After waiting 24 hours, Bond knew that something was wrong. Because he had used only embassy couriers to carry his messages, he suspected a security leak among the embassy staff. Even if his suspicions were wrong, it was evident that somewhere along the line the message had been intercepted. Although his orders said to stay in Mecca, Bond left the city that night.

Variado: After waiting 24 hours, Bond knew that something was wrong. He had used only embassy couriers to carry his messages to the Mecca contact. Was there a security leak among the embassy staff? His suspicions might be groundless, but somewhere along the line the message had been intercepted. Although his orders said to stay in Mecca, Bond left the city that night.

Experimente con los diferentes patrones de frase, volviendo a escribir una frase en cada una de estas cuatro formas básicas. Use los siguientes ejemplos como modelos para la reconstrucción de frases. Note que al alternar el patrón, resaltan diferentes datos en la frase.

Simple: He reached Akaba and learned the Mecca agent had disappeared.

Compuesto: He reached Akaba, and headquarters told him the Mecca agent had disappeared.

Complejo: When he reached Akaba, headquarters told him the Mecca agent had disappeared.

Complejo-compuesto: By the time Bond reached Akaba, the Mecca agent had disappeared, and all the agent's contacts had been arrested.

La brevedad

Por *brevedad* se entiende "corto" o "conciso". Se ha dicho que "la brevedad es el alma del ingenio". Muchas frases están infladas con locuciones o expresiones recargadas que no aportan nada al significado o impacto del mensaje. Las siguientes pautas explican cómo hacer una redacción más concisa.

Evite las locuciones *there is* y *there are*
Vuelva a escribir la frase usando verbos más activos.

Evite:	There are three reasons for colonizing Mars.
Mejor:	I can tell you three reasons for colonizing Mars.
	Three reasons exist for colonizing Mars.
Evite:	Whenever it rains, there is water in our backyard.
Mejor:	Whenever it rains, water collects in our backyard.
	Whenever it rains, our backyard floods.

Condense en menos palabras las oraciones que empiezan con *which, that* o *who*
Volver a escribir oraciones que empiezan con *which, that* o *who* elimina en muchos casos las locuciones recargadas.

Pobre:	The visitor, who was from England, brought us a package that looked mysterious.
Mejor:	The English visitor brought us a mysterious package.

> **Pobre:** The building, which was 24 stories, collapsed during the earthquake that struck last night.
>
> **Mejor:** The 24-story building collapsed during last night's earthquake.

Suprima el artículo *the* siempre que sea posible

Suprimir el artículo *the* mejora la fluidez y legibilidad de las frases. Para determinar la importancia de *the,* elimínelo y vuelva a leer la frase. Restaure el artículo sólo si al suprimirlo el significado de la frase queda menos claro.

> ~~The~~ shore lights reflected in Santiago Bay made the hotels and ~~the~~ casinos appear to float above the water.
>
> ~~The~~ players compete in ~~the~~ spring for the starting positions that ~~the~~ management has posted.

Elimine locuciones y expresiones recargadas y redundantes

Las palabras y expresiones redundantes sobran porque repiten lo que ya se ha dicho en una frase. Ocurren con frecuencia en los escritos y se deben eliminar. A continuación se ofrecen algunos ejemplos al respecto.

> **Evite:** The blouse is bright yellow **in color.**
>
> **Mejor:** The blouse is bright yellow.
>
> **Evite:** Of course, we're only thinking **on a theoretical basis.**
>
> **Mejor:** Of course, we're only thinking theoretically.
>
> **Evite:** **In the vast majority of cases,** chicken pox is not fatal.
>
> **Mejor:** In most cases, chicken pox is not fatal.
>
> **Evite:** **The reason** I don't want you to go is **that** the Amazon is no place for a summer vacation.
>
> **Mejor:** I don't want you to go because the Amazon is no place for a summer vacation.

A continuación se ofrece una lista de expresiones redundantes que se usan frecuentemente. Compárelas con sus alternativas más concisas. Reemplace estas expresiones verbosas cuando surjan.

Redundante	Concisa
at this point in time	at this time
consensus of opinion	consensus
meet together	meet
blend together	blend
during the course of	during
few in number	few
personal in manner	personal
on a weekly basis	weekly
refer back to	refer to
square in shape	square
until such time as	until
due to the fact that	because
very necessary	necessary
in spite of the fact that	although
engaged in a study of	studying
depreciate in value	depreciate
opening gambit	gambit (*a gambit* es una apertura en el ajedrez)
this is a subject that	this subject
the fact that she had come	her coming
in a hasty manner	hastily

Las expresiones redundantes saltan rápidamente a la vista cuando se es consciente de ellas.

Evite: To find his error, he had to retrace the steps **he had taken before**. (*Retrace* significa retomar los pasos o el camino que ya se ha recorrido. La oración en negrita sobra.)

Mejor: To find his error, he had to retrace his steps.

Evite: In **the month of** June, we traveled through **the states of** Georgia, North Carolina, and Virginia.

Mejor: In June, we traveled through Georgia, North Carolina, and Virginia.

La claridad

Una redacción clara implica una elección acertada de palabras. Elija las palabras que expresen sus ideas de la mejor forma posible. No dé por sentado que el lector entenderá lo que ha escrito. Esta sección presenta pautas para conseguir la claridad en la redacción.

Elija palabras de uso fresco

La redacción debe estar libre de jerga, palabras de moda y clichés. Tales palabras y expresiones vienen a la mente fácilmente pero transmiten poca información real. Elimínelas y reemplácelas con palabras más precisas.

Jerga

La jerga consiste en términos especializados de una profesión que el lector general probablemente no entienda. Vuelva a escribir las frases para eliminar jerga y asegurar que todos los términos usados estén definidos.

Evite: Doctors often order tests to check patients' **mineral spectrums** and the **RBC counts** in their blood.

Mejor: Doctors often order tests to check patients' **trace minerals, such as iron**, and the **number of red blood cells** in their blood.

Palabras de moda

Estas palabras, que consisten en términos que se usan mucho durante una temporada, surgen con frecuencia en la redacción. En muchos casos se trata de palabras que provienen de diferentes profesiones y han sido adoptadas por el uso popular. Elimine estos términos y elija mejores palabras. A continuación se ofrece una lista de algunas palabras de moda en la actualidad.

amp it up	interactive	head honcho
input	bottom line	parameter
paradigm	interface	dicey
scenario	street smarts	at this point in time
viable	taxwise (o cualquier palabra con *wise*)	impact (como verbo)

Evite: I don't know how well Greg is going to **interface** with Linda. They haven't worked together before.

Mejor: I don't know how well Greg is going to **get along with** Linda. They haven't worked together before.

Algunas palabras y expresiones jurídicas han pasado a ser de uso general—muchas veces de una forma inapropiada. Evite el uso de los siguientes términos en la redacción corriente:

aforementioned	per, as per
duly	pursuant to
herein	therein
hereto	therewith
herewith	whereas
notwithstanding the above	

Evite: **Re** your letter of the 25th, we are sending your five memo pads **per** your order and enclosing the invoice **herein**. (No sólo los términos jurídicos no aportan nada a la frase, sino que el redactor pierde la oportunidad de comunicar detalles más precisos.)

Mejor: We received your order, dated October 25, for five memo pads. Enclosed please find the memo pads and an invoice itemizing price and shipping costs.

Clichés

Los clichés son expresiones trilladas y de las que se abusa. Aunque son aceptables en la conversación, se deben evitar en la redacción. A continuación se ofrecen algunos clichés comunes:

stiff as a board	slick as a whistle
oldies but goodies	keep your shirt on
mind-blowing	too good to be true
crying over spilt milk	getting in touch with
on the warpath	out of the frying pan
up to your ears	on the tip of my tongue
deader than a doornail	bigger than life
neat as a pin	needle in a haystack
pearls of wisdom	a stitch in time

Evite: The boss is **on the warpath** about the new product failure. I thought the sales projections were **too good to be true.** Now we're **up to our ears** in returned goods.

Mejor: The boss is **demanding to know why** the new product failed. I thought the sales projections were **too optimistic.** Now we have **more than 100,000 units** of returned goods.

Use palabras precisas y concretas

Cuanto más abstracta sea una palabra o expresión, menos se entiende lo que significa exactamente. Los términos abstractos son muy propensos a la interpretación sujetiva. Por ejemplo, las expresiones *national security, quality education* o *consumer interests* pueden significar cosas muy distintas para diferentes personas.

Por otro lado, las palabras específicas se refieren a algo concreto, en muchos casos algo que se puede ver, oír, tocar, degustar u oler. Su significado es más preciso y menos abierto a la interpretación personal. Use palabras específicas en la redacción siempre que sea posible. Aunque se pueden usar palabras abstractas para resumir ideas o crear el marco para un debate, fundamente el marco con detalles tangibles y concretos.

Abstracto:	I think this novel is **overly dramatic**.
Específico:	I think this novel relies too much on emotion, coincidence, and manipulation of characters.
Abstracto:	The company's sales picture is **gloomy** this year.
Específico:	The 25 percent drop in sales means we will probably not meet our objectives this year.
Abstracto:	His tennis game is **off**.
Específico:	His backstroke is weak, and he can't maintain his concentration.

A veces uno acaba usando palabras abstractas en vez de concretas para que una redacción suene más formal u oficial.

Evite:	Please refrain from discarding litter items on the company grounds or in the company buildings. Use the litter receptacles placed throughout the plant for such purposes. Your cooperation in this matter is appreciated.
Mejor:	Please deposit all waste paper, aluminum cans, bottles, and other trash in the appropriate litter baskets. Help keep your grounds and building clean! We appreciate your cooperation.

Palabras imprecisas o abstractas dejan sin contestar preguntas como *¿Qué tipo? ¿Cuánto? ¿Cuál? ¿Cómo?* Palabras específicas contestan las preguntas del lector con datos concretos.

Mantenga claras las referencias

Cuando una palabra se usa para modificar o referirse a otras palabras, asegúrese de que la referencia esté clara. Si una referencia se usa sin pensar, puede llegar a crear humor no intencionado.

If you can't hang the clothes yourself, ask for help in hanging them
   from your counselor.
Our camp leader is a stocky, red-haired man with a beach ball named
   Tom Robbins.

Se puede evitar tal confusión siguiendo unas pautas básicas para mantener claras las referencias.

Coloque los calificativos cerca de las palabras que modifican

Pobre: The band played **three songs** during their tour **written by a 12-year-old girl.**

Mejor: During their tour, the band played **three songs written by a 12-year-old girl.**

Coloque los adverbios cerca de las palabras que modifican

Preste atención especial a la colocación del adverbio *only*. El lector no debería tener que adivinar el significado de la frase.

Incorrecto: I **only** wanted three lattes, not five.

Correcto: I wanted **only** three lattes, not five.

Pobre: The letter we **received recently managed** to upset everyone. (¿Es *received recently* o *recently managed?*)

Mejor: The letter we **recently received managed** to upset everyone.

Mantenga unidos el sujeto y el verbo

Mantener unidos el sujeto y el verbo hace que el lector pueda seguir la idea y comprender la frase con más facilidad.

Evite: **The white-pebble beach,** which in June 1944 had been the site of a bloody battle where the Allied forces landed and began their march to liberate Europe from German occupation, **still bears the scars of a major military campaign.**

Mejor: **The white-pebble beach still bears the scars of a major military campaign.** In June 1944 it was the site of a bloody battle where the Allied forces landed and began their march to liberate Europe from German occupation.

Frecuentemente la solución al problema de la colocación sujeto-verbo es dividir la frase en dos o más frases cortas.

Asegúrese de que el antecedente esté claro

Palabras como *this, that, who, what, which* o *it* se refieren al nombre o pronombre anterior o al de la frase previa. Si el antecedente no está claro, la frase puede confundir al lector y generar algo de humor inesperado.

We will paint any car, any make, for only $59.95. Our offer is good for this week only. Have your car painted before it expires!

El antecedente de *it* es *our offer*, no *your car*. Sin embargo, el lector tiene que mirar la frase dos veces para determinar la intención del redactor. Estudie los siguientes ejemplos.

Pobre: I served avocados for lunch, **which** no one felt like eating. (¿No tenía ganas nadie de comer los aguacates o de almorzar?)

Mejor: I served avocados for lunch, but no one felt like eating them. No one felt like eating the avocados I served for lunch.

Pobre: I dropped the jar and pickles rolled all over the floor, under the table, and out into the hallway. **This** was not going to please my mother! (¿A qué se refiere *this*? Evite el uso de palabras que se refieren a una frase o idea entera.)

Mejor: I dropped the jar and pickles rolled all over the floor, under the table, and out into the hallway. **This mess** was not going to please my mother!

Existen varios métodos para corregir referencias confusas. Estos incluyen dividir la frase en dos o más frases, cambiar el orden de las palabras, volver a escribir la frase o insertar la referencia que falta.

Use estructuras paralelas

Las locuciones y oraciones que están en una serie o dentro de la misma frase deben ser paralelas; es decir, deben tener la misma estructura. En el siguiente ejemplo, la frase empieza con locuciones con infinitivo para luego cambiar a otra estructura al final.

> We learned how **to change** a tire, **to shift** 16 gears, and **once stopped** the truck from running off the road.

Cuando se haya establecido una estructura paralela, el lector espera que continúe. Si la estructura cambia de pronto, confundirá al lector. El ejemplo anterior debería ser escrito de la siguiente forma:

> We learned how **to change** a tire, **to shift** 16 gears, and **to stop** the truck from running off the road.

Mire bien los siguientes ejemplos. En algunos casos, la violación de la estructura paralela no es obvia.

Incorrecto: We sold jeans to **the** Spanish, **the** French, Italians, and Germans.

Correcto: We sold jeans to **the** Spanish, **the** French, **the** Italians, and **the** Germans.
We sold jeans to **the** Spanish, French, Italians, and Germans.

Un artículo o una preposición que se usan con una serie de términos se deben usar o bien con todos los términos o sólo antes del primer término.

Las conjunciones correlativas—como *both, and*; *not, but*; *not only, but also*; o *either, or*—deben ir seguidas de la misma estructura gramatical. Esta regla también afecta a cualquier serie introducida por *first, second, third*, etcétera. A veces hay que cambiar el orden de las palabras en la frase para corregir el problema.

Incorrecto:	The lecture was **both a tedious one and much too long.**
Correcto:	The lecture was **both tedious and long.**
Incorrecto:	It's not a time **for emotion but clear thinking.**
Correcto:	It's not a time **for** emotion **but for** clear thinking.
Incorrecto:	My reasons are **first,** the expedition is too dangerous and **second, that it is unnecessary.**
Correcto:	My reasons are **first,** the expedition is too dangerous and **second, it is unnecessary.**

También a veces se viola la estructura paralela al combinar diferentes formas verbales en una frase.

I **have mowed** the lawn, **washed** the dog, **rescued** our hamster, and **went** to the store all in one day.

La forma verbal *went* es incorrecto con el verbo auxiliar *have*. La frase correcta sería:

I **have mowed** the lawn, **washed** the dog, **rescued** our hamster, and **gone** to the store all in one day.

I **mowed** the lawn, **washed** the dog, **rescued** our hamster, and **went** to the store all in one day.

La precisión

La precisión es esencial para una buena redacción, sea un ensayo, un informe de empresa, una tesis o un artículo de prensa. Las siguientes pautas le ayudarán a asegurarse de que los datos sean correctos.

Compruebe cifras, fechas, especificaciones y otros detalles

El lema aquí es *Si tiene alguna duda, consúltela.* Asegúrese de que cualquier cifra, fecha, porcentaje u otro dato haya sido presentado o reproducido de una forma precisa. No confíe en la memoria.

Asegúrese de que todos los nombres, títulos y abreviaturas estén bien escritos

Puede resultar bastante embarazoso escribir mal un nombre propio o el título de un libro, artículo, obra de teatro, etcétera. Compruebe si una abreviatura se escribe con puntos, todo en mayúscula o con símbolos como *&*.

Verifique la exactitud de las citas directas

Intente verificar lo que se ha dicho y reproducir las palabras con precisión. En una ocasión, un periodista hizo la siguiente pregunta a un candidato político: "Do you believe that we should do away with price supports for farmers and import more foreign commodities?"

El candidato contestó, "Yes", y el reportero escribió en un artículo:

El candidato Brown dijo, "We should do away with price supports for farmers and import more foreign commodities".

El candidato no dijo esto; meramente contestó a una pregunta. El reportero debería haber escrito lo siguiente:

When asked if he favors eliminating price supports and importing more foreign commodities, the candidate replied, "Yes."

Asegúrese de que las ideas estén presentadas de una forma clara

La claridad es esencial para la precisión. Aprenda a detectar declaraciones confusas, términos abstractos, estructuras no paralelas, expresiones ambiguas o la elaboración pobre de las ideas.

Pida a otra persona que lea lo que ha escrito. Probablemente verá puntos débiles en su redacción que usted no ha visto.

Asegúrese de que su redacción esté ordenada y legible

Una letra descuidada, un aspecto desordenado o errores ortográficos o gramaticales pueden afectar la precisión de su redacción. El nombre de una persona puede estar mal escrito porque no se le podía leer la letra. Una cifra clave puede quedarse borrosa por una mancha de café, y tendrá que buscar en sus apuntes para encontrar el número correcto. El descuido no sólo amenaza la precisión sino también le puede costar tiempo y esfuerzo considerable corregirlo.

El lenguaje género-inclusivo

El uso de lenguaje género-exclusivo puede crear confusión. Por ejemplo, la palabra *man* a veces se refiere sólo a los hombres y a veces se refiere a personas, es decir, hombres y mujeres. El cambio de lenguaje sexista a un lenguaje género-inclusivo se puede hacer de una forma natural y elegante. En las siguientes secciones, presentamos pautas para el uso de nombres, pronombres, tratamientos sociales y expresiones género-inclusivos.

Nombres y pronombres

A continuación se ofrecen pautas para usar nombres y pronombres género-inclusivos y evitar el uso de nombres y pronombres género-específicos.

1. Intente usar pronombres femeninos o masculinos sólo cuando se refiere a hombres o mujeres concretos.

   Evite: A good dentist reassures **his** patients.

   Mejor: Dr. Jacobs always reassures **his** patients.

                Dr. Jacobs always reassures **her** patients.

   Evite: An elementary teacher has **her** hands full teaching today's children.

   Mejor: Ms. Hutton has **her** hands full teaching today's children.

                Mr. Hutton has **his** hands full teaching today's children.

Note: en ocasiones se pueden usar los pronombres masculinos y femeninos juntos *he or she, her or him, his or hers*, etcétera, en lugar de usar exclusivamente un pronombre masculino o femenino. Esta construcción es particularmente indicada cuando se quiere subrayar sutilmente el hecho de que tanto hombres como mujeres componen la población en cuestión.

Evite: A good manager knows **his** staff.
Mejor: A good manager knows **his or her** staff.

2. Use las formas plurales de los nombres y pronombres.

Evite: The prudent **executive** should know where **his** money goes.
Mejor: Prudent **executives** should know where their money goes.
Evite: The course is designed to help **your child** reach **her** full potential.
Mejor: The course is designed to help **children** reach **their** full potential.

Note: en la redacción y conversación informales, es permisible usar los pronombres plurales *they, them, their* y *theirs* con la forma singular de un nombre o pronombre indefinido. No obstante, normalmente se puede volver a escribir la frase para evitar esta construcción.

Evite: Each manager knows **his** staff.
(A veces) Mejor: Each manager knows **their** staff.

3. Use la primera persona *we*, la segunda persona *you* o la tercera persona *one, each, those,* etcétera, cuando es apropiado.

Evite: **Man's** desire for excitement drives **him** to seek ever more daring challenges.
Mejor: **Our** desire for excitement drives **us** to seek ever more daring challenges.
Evite: The **player** cannot throw the dice until **he** has drawn one card from the Community Chest pile.
Mejor: **You** cannot throw the dice until **you** have drawn one card from the Community Chest pile.
Evite: For the **student** to grasp basic physics, **he** must understand the principles of energy, light, and matter.
Mejor: To grasp basic physics, **one** must understand the principles of energy, light, and matter.

4. Vuelva a escribir frases para eliminar pronombres y reemplazarlos con palabras género-inclusivos como *a, an* o *the.*

   Evite: Each evening, a **night guard** makes **his** rounds of the building.

   Mejor: Each evening, a **night guard** patrols the building.

   Evite: The **dietitian** prepares **her** nutritional analysis once a day.

   Mejor: The **dietitian** prepares **a** nutritional analysis once a day.

5. Use en ocasiones la voz pasiva en lugar de la activa.

   Activa: Whenever an employee enters the building, **he should wear his** identification badge.

   Pasiva: The identification badge **should be worn** whenever an employee enters the building.

6. Para evitar las referencias sexistas, repita el nombre si la primera y segunda referencia están separadas por un grupo de palabras.

   Evite: The **announcer** on a classical music station must know how to pronounce a wide range of foreign names and titles. **He** also must be able to read advertising and news copy.

   Mejor: The **announcer** on a classical music station must know how to pronounce a wide range of foreign names and titles. **The announcer** also must be able to read advertising and news copy.

Formas alternativas de los nombres

Se han acumulado muchos nombres en inglés que contienen la palabra *man* como sufijo o prefijo: *businessman, chairman, congressman, man-hours.* Ya no se usan estas palabras para referirse a hombres y mujeres. En las siguientes pautas se ofrecen alternativas a estos términos.

1. Evite el uso de *man* para referirse a los seres humanos como grupo. Use en su lugar los términos *humanity, human beings, persons, human race* o *people.*

Evite: Man (**mankind**) is at a critical point in **his** history.
Mejor: **Humanity** (**the human race**) is at a critical point in **its** history.
Evite: **Man** is a gregarious creature.
Mejor: **People** are gregarious creatures.

2. Use *person* como sufijo o prefijo en vez de *man*, siempre que esto no cree una construcción absurda (por ejemplo, *personhole cover* para *manhole cover*; use *sewer cover* como alternativa).

Evite: A **businessman** can fly half fare.
Mejor: A **businessperson** can fly half fare.
Evite: The **chairman** draws up the agenda.
Mejor: The **chairperson** draws up the agenda.

3. Use palabras que no sean *person* para sustituir *man*.

Evite: The **policeman** gave me a ticket.
Mejor: The **police officer** gave me a ticket.
Evite: Our **mailman** came early today.
Mejor: Our **mail carrier** came early today.
Evite: This job will require 24 **man-hours**.
Mejor: This job will require 24 **staff-hours**.

4. Vuelva a escribir la frase para evitar el uso de *man*.

Evite: **Freshman** students are always nervous.
Mejor: **First-year** students are always nervous.
Evite: The team showed unusual **gamesmanship**.
Mejor: The team **played the game shrewdly**.

Los sufijos *ess, ette, ix* e *ienne/ine*

En el uso moderno, la tendencia es suprimir los sufijos que denotan las formas femeninas de nombres: *poet, poetess; usher, usherette*. Sin embargo, hay tres formas que se siguen usando mucho—*actress, hostess* y *waitress*. Use las formas masculinas y femeninas cuando se refiere a hombres y mujeres.

Incorrecto: Alice and Jim served as **hosts.**
Correcto: Alice and Jim served as **hostess and host.**

1. Suprima los siguientes sufijos, que al unirse a palabras denotan la forma femenina.

Sufijo *ess*

Evite	Mejor
directress	director
authoress	author
sculptress	sculptor

Sufijo *ette*

Evite	Mejor
usherette	usher
drum majorette	drum major
bachelorette	single

Sufijo *ix*

Evite	Mejor
aviatrix	aviator
executrix	executor

Sufijo *ienne/ine*

Evite	Mejor
comedienne	comedian

2. No combine palabras género-inclusivas y género-específicas cuando se refiere a hombres y mujeres.

Evite: He is **chairman** of the Elks and she is **chairwoman** of the Junior League. As **chairmen**, they have little time at home.

Mejor: He is **chairman** of the Elks, and she is **chairwoman** of the Junior League. As **chairpersons**, they have little time at home.

Evite: He is **chairperson** of the Elks, and she is **chairwoman** of the Junior League.

Mejor: He is **chairperson** of the Elks, and she is **chairperson** of the Junior League.

He is **chairman** of the Elks, and she is **chairwoman** of the Junior League.

Los tratamientos sociales

Los tratamientos sociales *Mr., Mrs.* y *Ms.* se pueden usar de una forma que no fomente los estereotipos. A continuación se ofrecen unas pautas al respecto.

1. Use *Mr.* para todos los hombres.

2. Use *Ms.* para todas las mujeres cuando no se sabe el tratamiento que prefieren o se ignora su estado civil.

3. Use *Miss* o *Mrs.* cuando la mujer en cuestión usa estos tratamientos con su nombre.

4. Use el nombre de una mujer casada, y no el de su marido. Por ejemplo, use Mrs. Dorothy Brandt, no Mrs. Harold Brandt, salvo si la mujer especifica prefiere que se use el nombre de su marido.

El saludo

En la correspondencia comercial o de empresa, asegúrese de que el saludo incluya a todos los lectores que recibirán el mensaje. A continuación se ofrecen diferentes formas de escribir saludos género-inclusivos.

1. Evite el uso de *Dear Sir, Dear Gentlemen* o *My Dear Sirs*. Use las siguientes variaciones.

Ladies and Gentlemen:
Gentlepersons:
Dear Madames (Mesdames) and Sirs:
My Dear Sirs and Madames (Mesdames):
My Dear Sir or Madam (Madame or Sir):

2. Diríjase a las personas por su título o nombre genérico.

Título	Nombre genérico
Dear Executive:	Dear Customer:
Dear Manager:	Dear Friend:
Dear Human Resources Director:	Dear Subscriber:
Dear Professor:	Dear Investor:
Dear Medical Writer:	To the Folks on Maple:

Las profesiones

En su *Diccionario de las Profesiones,* el Ministerio de Trabajo de los Estados Unidos ha proporcionado una lista de títulos género-inclusivos para muchas profesiones y puestos. A continuación se ofrecen algunos ejemplos:

Evite	Revisado
salesman	salesperson
craftsman	craftworker
draftsman	drafter
fireman	firefighter
watchman	guard, security officer
newsman	reporter, newsperson
foreman	supervisor
repairman	repairer
mailman	mail carrier, letter carrier
policeman	police, police officer

Véase el *Dictionary of Occupational Titles* para un listado exhaustivo de tratamientos sociales y otros términos relacionados con el mundo del negocio.

Apéndice A

Las partes principales de los verbos irregulares

No existen reglas fijas para formar el pasado o los participios de pasado o presente de los verbos irregulares. Es necesario aprender las formas de memoria o tener un buen diccionario a mano. Para su referencia, la siguiente lista incluye algunos de los verbos irregulares más comunes.

Forma base	Pasado	Participio de pasado	Participio de presente
be	was	been	being
begin	began	begun	beginning
bite	bit	bitten	biting
blow	blew	blown	blowing
break	broke	broken	breaking
bring	brought	brought	bringing
burst	burst	burst	bursting
buy	bought	bought	buying
catch	caught	caught	catching
come	came	come	coming
do	did	done	doing
draw	drew	drawn	drawing
drink	drank	drunk	drinking
drive	drove	driven	driving
eat	ate	eaten	eating
fall	fell	fallen	falling
fight	fought	fought	fighting
flee	fled	fled	fleeing

Forma base	Pasado	Participio de pasado	Participio de presente
fly	flew	flown	flying
forget	forgot	forgotten	forgetting
get	got	got/gotten	getting
give	gave	given	giving
go	went	gone	going
grow	grew	grown	growing
hang	hung/hanged	hung/hanged	hanging
hide	hid	hidden	hiding
know	knew	known	knowing
lay	laid	laid	laying
leave	left	left	leaving
lend	lent	lent	lending
lie	lay	lain	lying
lose	lost	lost	losing
pay	paid	paid	paying
ride	rode	ridden	riding
ring	rang	rung	ringing
rise	rose	risen	rising
run	ran	run	running
see	saw	seen	seeing
set	set	set	setting
shake	shook	shaken	shaking
shine	shone	shone	shining
shrink	shrank	shrunk	shrinking
sit	sat	sat	sitting
speak	spoke	spoken	speaking
steal	stole	stolen	stealing
strike	struck	struck	striking
take	took	taken	taking
tear	tore	torn	tearing
throw	threw	thrown	throwing
wear	wore	worn	wearing
write	wrote	written	writing

Apéndice B

Las combinaciones verbo-preposición

Las combinaciones verbo-preposición típicamente se resisten a ser clasificadas bajo un sistema lógico. Por lo tanto, la única solución es aprender a base de la práctica qué preposiciones se usan con qué verbos y bajo qué circunstancias. A continuación están algunas de las más problemáticas de estas combinaciones.

agree with, agree to
agree with—estar de acuerdo (con una persona)
I **agree with** Carl that we should operate tomorrow.
agree to—dar su consentimiento (a una idea o cosa)
I **agree to** an operation for my ulcer.

angry with/at
angry with/at—enfadado/a; *angry at*—sugiere un enfrentamiento
She was **angry with** herself for sleeping late.
The president was **angry at** the board for turning down his five-year
   plan.

answer to, answer for
answer to—ser responsable ante alguien; responder a
You'll have to **answer to** the commission for your sales record.
The dog is four years old and **answers to** the name "Fred."
answer for—tomar responsabilidad por sus acciones
You'll have to **answer for** your decision to cancel the concert.

on behalf of, in behalf of
on behalf of—en nombre de alguien; de parte de alguien
The lawyer acted **on behalf of** my brother to settle the estate.
in behalf of—en el interés de alguien; en su favor
I set up a trust fund **in behalf of** my nephew.

belong to, belong with
belong to—ser miembro o socio de
They **belong to** the Secret Order of the Koala.
belong with—ser clasificado como; pertenecer a un grupo o categoría
These flowers **belong with** the plants classified as grasses.

capacity to, capacity of
capacity to—la capacidad de (usado con un verbo)
She has the **capacity to** break the world's high-jump record.
capacity of—el contenido o volumen (usado con una medida)
This silo has a **capacity of** 2,400 cubic feet.

compare to, compare with
compare to—comparar con
She **compared** my singing **to** Tina Turner's.
"Shall I **compare** thee **to** a summer's day?"
compare with—contrastar las semejanzas y diferencias
He **compared** the Russian military strength **with** that of the armed
    forces of the United States.

concur in, concur with
concur in—coincidir (en una opinión)
The three judges **concurred in** their settlement of the case.
concur with—estar de acuerdo (con otra persona)
I must **concur with** the judge that the settlement is fair.

connect to, connect with
connect to—conectar (un objeto a otro)
The first step is to **connect** the positive wire to the positive pole.
connect with—conectar con (una persona, un grupo, una idea)
If we drive overnight, we can **connect with** the first group by dawn.

correspond to, correspond with

correspond to—corresponder a

The handwriting on this letter **corresponds to** the handwriting on the earlier document.

correspond with—corresponder (en el sentido de escribirse)

Janet has **corresponded with** a friend in Costa Rica for three years.

differ from, differ with

differ from—diferir de

The movie **differed from** the book in several ways.

differ with—no estar de acuerdo con

The figures in the government report **differ with** those in our study.

inside, inside of

inside (sin preposición)—la parte interior

I damaged the **inside** door of our house.

inside of—dentro de (usado también con expresiones de tiempo)

The flower shop is **inside of** the building.

He will return **inside of** an hour.

in the market, on the market

in the market—buscando comprar algo

We're **in the market** for a great chocolate dessert.

on the market—a la venta

Hal put his boat **on the market** yesterday and hopes to sell it soon.

name

name (sin preposición)—nombrar

Paula was **named** editor in chief of the *Los Angeles Chronicle*. (nunca "named as" editor in chief)

outside, outside of

outside (sin preposición)—la parte exterior

I put the poster on the **outside** wall.

outside of—fuera de; excepto, aparte de

She went **outside of** the house.

I can't think of anyone in the office, **outside of** Julio, who knows how to program this computer.

promote, promote to

promote (sin preposición)—ascender en rango o estatus (usado con un título)

She was **promoted** Lieutenant Commander.

promote to—ascender a un rango o estatus superior

She was **promoted to** the executive level in the sales department.

reference to, reference on

reference to—una referencia a

The governor made a **reference to** the health-care legislation, calling it "long overdue."

reference on—un libro o artículo sobre

Tarn's *Babylon* is a scholarly **reference on** the downfall of the Persian Empire.

report of/on

report of/on—un informe de/sobre (las preposiciones son intercambiables)

He completed a 200-page **report on** why people prefer handheld toothbrushes to electric ones.

separate from

separate from (nunca *separate out*)—separar de; distinguir de

We'll have to **separate** the damaged phones **from** the working ones.

Jerilyn's bank accounts are **separate from** her brother's.

sympathy with, sympathy for

sympathy with—compadecer con (alguien)

I can **sympathize with** Jack; he has to babysit tonight, and so do I.

sympathy for—sentir empatía o compasión por (alguien)

I feel **sympathy for** anyone who has lost a job.

wait for, wait on, wait out

wait for—estar preparado o alerto para (algo)

The general **waited for** the signal to attack.

wait on—atender a

When my father was in school, he earned money **waiting on** tables.

wait out—expresión coloquial que significa permanecer inactivo durante el curso de (algo)

The fans **waited out** the rainstorm by taking shelter under the bleachers.

write to

write to—escribir mensajes a (la preposición se usa siempre que no esté el objeto directo)

I will **write to** you when you get to Chicago. (No hay objeto directo.)

I will **write you** a note when you get to Chicago. (El objeto directo "note" está presente.)

Apéndice C

Palabras que se confunden frecuentemente

El significado y la ortografía de las siguientes palabras se confunden frecuentemente. Practíquelas hasta que el uso correcto le sea familiar.

accept, except
accept—aceptar, estar de acuerdo
I **accept** the offer.
except—excepto, salvo
Everyone left **except** me.

advice, advise
advice—consejo, opinión
She needs your **advice**.
advise—aconsejar, dar un consejo
Please **advise** him of his rights.

affect, effect
affect—afectar, influir en
Inflation always **affects** our level of income.
effect—(n.) efecto, resultado; (v.) efectuar, causar
The computer has had a profound **effect** on our everyday lives. It has
effected a complete change in the way we do business.

already, all ready
already—ya
We **already** have a robot.
all ready—listos; preparados
They're **all ready** to go.

assent, ascent
assent—(v.) asentir a; expresar su conformidad (n.) asentimiento,
    aprobación
Did they **assent** to your request? The entire board gave its **assent** to
    the project.
ascent—ascenso, subida
On the third day, they made their **ascent** to the top of Mount Everest.

capital, capitol
capital—sede de gobierno; capital (dinero)
The nation's **capital** braced itself for the holiday weekend.
We need more **capital** to finance our new product line.
capitol—sede del gobierno (edificio)
They are putting a new roof on the **capitol**.

cite, site, sight
cite—citar, decir
I **cited** my reasons for disagreeing.
site—sitio, lugar
The **site** for our home is lovely.
sight—espectáculo
The city at dawn is a beautiful **sight**.

cloths, clothes
cloths—paños, tela
Use soft **cloths** for polishing your silver.
clothes—ropa
Every spring he buys new **clothes** and throws out the old ones.

complement, compliment

complement—complemento

Her humor is the perfect **complement** to my seriousness.

compliment—hacer un cumplido; un cumplido

My father always **compliments** my mother on her painting.

The boss's **compliment** meant a lot to Carl.

consul, council, counsel

consul—cónsul, oficial de embajada

The Swedish **consul** threw a party for the President.

council—consejo, ayuntamiento

The city **council** passed the ordinance by a three-to-one margin.

counsel—(v.) aconsejar; (n.) abogado

Find someone to **counsel** you about your accident. In fact, you should
    hire the company lawyer to act as **counsel** in this matter.

dissent, descent, descend

dissent—desacuerdo; disenso

Mine was the only vote in **dissent** of the proposed amendment.

descent—descenso, bajada

The road made a sharp **descent** and then curved dangerously to the
    right.

descend—descender, bajar

They had to **descend** from the mountaintop in darkness.

fewer, less

fewer—menos (usado para unidades o números)

You will have to make **fewer** mistakes or order more erasers.

We have five **fewer** doughnuts than we had this morning.

less—menos (usado para cantidades generales)

The amount of money in our bank account is **less** than it was last year.

formerly, formally

formerly—previamente, anteriormente

I was **formerly** a recruiter.

formally—formalmente, oficialmente

She was sworn in **formally** as the fifth member of the panel.

imply, infer
imply—sugerir, insinuar
Are you **implying** that I was at the scene of the crime?
infer—inferir; deducir
Your gloves were found in the room; thus, we **infer** that you visited
the deceased sometime last night.

it's, its
it's—forma contraída de *it is* o *it has*
It's [it has] been a long day.
I've seen the play; **it's** [it is] not very good.
its—forma posesiva del pronombre *it*
When the ship fired **its** guns, the blast was deafening.

later, latter
later—más tarde, después
They'll mail it **later** today.
latter—el último citado de dos
If it's a choice between the beach and the mountains, I'll take the
latter.

lead, led, lead
lead—(v.) encabezar; guiar; llevar (adj.) principal
The boys always **lead** the rush to the beach.
The **lead** singer seems off tonight.
led—(v., pasado de *lead*) encabezaron
They **led** the parade playing their kazoos.
lead—(n.) plomo
This paperweight is made of **lead**.

lie, lay
lie—tumbarse o reclinarse (lie, lay, lain)
The cat always **lies** down on my sweater. Yesterday he **lay** on it all day.
I wish he had **lain** somewhere else.
lay—poner, colocar (lay, laid, laid)
I will **lay** the sweater on the couch. Yesterday I **laid** it there without
thinking about the cat. I have **laid** it there many times.

lose, loose, loss
lose—perder
Don't **lose** the tickets.
loose—suelto; soltar, liberar
The screw is **loose** on the showerhead.
Turn the kids **loose** in the park.
loss—pérdida
His leaving was a **loss** to the company.

past, passed
past—(n., adj.) pasado; anterior
The **past** president gave the gavel to the new president.
passed—(v.) pasar por delante de
We **passed** my cousin on the road.

personal, personnel
personal—personal; íntimo
Can I ask you a **personal** question?
personnel—personal (empleados de una empresa); trabajadores
The human resources (**personnel**) office keeps records on all
    company **personnel**.

precede, proceed
precede—preceder
My older brother **precedes** me by one grade in school.
proceed—continuar; avanzar; proceder
We can **proceed** with our game as soon as the weather clears.

principle, principal
principle—principio
Sound **principles** can help you make good decisions.
principal—(adj.) principal; (n.) director/a
She is the state's **principal** witness in this case.
I'll never forget my grade school **principal**, Mr. Harvey.

quiet, quite

quiet—silencioso

The valley is **quiet** at dusk.

quite—bastante; a un grado considerable

He was **quite** upset with himself for losing the race.

I **quite** agree that the judge was unfair.

rise, raise

rise—(v.) subir, levantarse; (n.) reacción

The moon **rises** later each night.

Your statement to the governor certainly got a **rise** out of him.

raise—(v.) subir, levantar; (n.) una subida, un ascenso

Raise the picture a little higher.

After four months, he finally got a **raise** in pay.

sit, set

sit—estar sentado/a

We had to **sit** on the plane for three hours before we took off.

set—poner o colocar algo

They **set** the coffee on the table.

She **set** the files in order.

stationary, stationery

stationary—estacionario; detenido

The chair is **stationary**.

stationery—artículos de papelería

He took out a sheet of **stationery** and wrote a letter.

than, then

than—que (después de una comparación)

Vivian is taller **than** Kelly.

I no sooner started talking **than** Kelly interrupted me.

then—luego; entonces

She took Fred's order and **then** mine.

If you want to skip the mashed potatoes, **then** have the waitress mark
   it on the order.

that, which

that—se usa para introducir una locución u oración con datos
esenciales al significado de la frase; no va separado por una coma

The shipment **that** arrived yesterday had to be returned. (*That arrived
yesterday* identifica el envío que se tuvo que devolver y es un dato
esencial.)

We ate the 15 doughnuts **that** Jan brought to work this morning.

which—se usa para referirse a un nombre o pronombre concreto o
para introducir una locución u oración con datos no esenciales al
significado de la frase; normalmente va separado por comas

We ate 15 doughnuts, **which** was 15 too many. (*Which* se refiere a
doughnuts y proporciona un dato adicional—*which was 15 too
many*—que no es esencial al significado de la frase.)

The shipment, **which** arrived yesterday, had to be returned. (*Which
arrived yesterday* es un dato extra, y está separado por comas.)

Excepción: *that* o *which* se pueden intercambiar a veces para evitar la
repetición excesiva de uno de ellos en una frase.

there, their, they're

there—allí

The book has to be on the table; I saw it **there** just a minute ago.

their—forma posesiva de *they*

Why don't they take **their** skateboards and go home?

they're—forma contraída de *they are*

They're upset that the watermelon fell off the table.

weather, whether

weather—tiempo; clima

The **weather** has been changing slowly over the past fifty years.

whether—si; independientemente de

They have to know **whether** you are going. You should tell them
whether you feel like it or not.

who's, whose

who's—forma contraída de *who is* o *who has*

Do you know **who's** [who is] coming to the party tonight? No, I don't know **who's** [who has] been invited.

whose—forma posesiva de *who*

Whose purple car is parked outside our house?

you're, your

you're—forma contraída de *you are*

You're going to be late for dinner.

your—forma posesiva de *you*

Your dinner is cold.

Apéndice D

Palabras frecuentemente mal escritas

La siguiente lista contiene palabras que frecuentemente están mal escritas. Use esta lista como una referencia rápida además de consultar un buen diccionario.

abbreviate
absence
abundant
accessible
accidentally
accommodate
accompanies
accompaniment
accumulate
accuracy
acknowledgment
acquaintance
adequately
admission
admittance
adolescent
advantageous
allege
alliance
analysis
analyze
anonymous
apologetically

apparatus
apparent
appreciate
appropriate
argument
arrangement
arrears
ascertain
association
attendance
authorize
auxiliary
awfully

ballet
bankruptcy
beneficial
bibliography
bookkeeper
boulevard
brochure
buffet
bulletin

calculation
calendar
camouflage
canceled/cancelled
cancellation
catalog/catalogue
catastrophe
category
cellar
cemetery
changeable
choose
chose
colossal
column
commitment
committed
committee
comparative
competent
competition
competitor
complexion
comptroller
conceivable
concise
conscience
conscientious
consciousness
consensus
consistency
contingency
controlling
controversy
correspondence
correspondents
criticize
curriculum

debacle
debtor
decadent
deceitful

deference
deferred
dependent
depreciation
description
desirable
detrimental
dilemma
diligence
disastrous
disciple
discrimination
dissatisfied
division

economical
ecstasy
effect
efficiency
embarrassment
emphasize
endeavor
enforceable
enormous
enthusiastically
entrance
espionage
exaggerate
excel
exceptionally
exhaustion
exhibition
exhibitor
exhilaration
existence
exorbitant
expensive
extension
exuberant

facilitate
familiar
familiarize

fascination
feasible
feminine
financier
foreign
forfeit
franchise
fraud
fraudulent
freight
fulfill

gauge
grammar
grievance
guarantee
guaranty
guidance

harassment
hereditary
hindrance
horizontal
hygiene
hypocrisy
hypothetical

ideally
idiomatic
illegible
immediately
imperative
implement
incidentally
inconvenience
indemnity
independent
indispensable
inevitable
inflationary
influential
ingenious
initial

initiative
innocent
inoculate
institution
intellectual
interference
interpretation
interrupt
invoice
irrelevant
irresistible
itemize
itinerary

jeopardize
jeopardy
judgment/judgement

kerosene
knowledge
knowledgeable

labeled
laborious
larynx
legitimate
leisurely
liable
license
likelihood
livelihood
liquor
livable
loose
lose
lucrative
luxurious

magistrate
magnificence
maintenance
majestic
malicious

manageable
mandatory
maneuver
marketable
marriageable
martyrdom
materialism
measurable
mediator
mediocre
melancholy
metaphor
miniature
miscellaneous
mischievous
misspell
misstatement
mortgage
mosquito
municipal
mysterious

naive
necessity
negligible
negotiate
neurotic
neutral
ninety
ninth
noticeable

objectionable
observant
occasionally
occupant
occurrence
omission
omitting
opinionated
opportunity

option
outrageous
overrated

pageant
pamphlet
parallel
paralysis
parity
parliament
particularly
pastime
pedestal
penicillin
permanent
permissible
permitted
persistent
personal
perspiration
phenomenon
physician
picnicking
plausible
pneumonia
politician
possession
practically
precede
precise
preference
preferred
prejudice
presence
prestige
presumption
prevalent
privilege
procedure
propaganda
prophesy

prove
psychoanalysis
psychology
pursue

qualitative
quality
quantitative
quantity
questionnaire
quietly
quit
quite

rebellion
receive
recommend
recommendation
reconciliation
recurrence
reducible
reference
referred
rehearsal
reimburse
relieve
reminiscent
remittance
remitted
repetition
representative
resource
respectfully
responsibility
returnable
reveal
revenue
routine

salable/saleable
schedule

scientific
scrutinize
separation
sergeant
serviceable
siege
significant
similar
souvenir
specifically
specimen
sponsor
statistics
strategic
stubbornness
substantial
succeed
succession
superficial
superfluous
superintendent
supersede
supervisor
suppress
surroundings
susceptible
symbolic
symmetrical
synonymous

tariff
technician
temperature
tendency
theoretical
tolerance
tomorrow
traffic
tragedy
transcend
transmit

transmittal
transparent
tried
twelfth
tyranny

unanimous
undoubtedly
uniform
universal
unmistakable
unnatural
unnecessary
unscrupulous

vaccine
vacuum
variation
vehicle
vengeance
ventilation
versatile

vigilance
villain
vinegar
volume

waive
warranty
welcome
whisper
whistle
wholly
withhold

yacht
yawn
yield
young
youth

zealous
zenith

Glosario

Adjetivo (adjective): palabra que modifica a un nombre, pronombre u otro adjetivo; contesta a las preguntas *¿Qué tipo? ¿Cuántos? ¿Cuál? ¿Cuánto?*

Adjetivo compuesto (compound adjective): dos palabras que se usan para modificar a un nombre (a lens with a *wide angle*); si preceden al nombre, normalmente llevan guión (*wide-angle* lens)

Adjetivo demostrativo (demonstrative adjective): palabra como *this, these, that* o *those* que se usa para recalcar elementos o personas determinados y su distancia del locutor (Those two boxes are yours.)

Adjetivo indefinido (limiting adjective): palabra que se usa para identificar o numerar el nombre que modifica (*few* apples)

Adjetivo predicado (predicate adjective): adjetivo que sigue a un verbo copulativo como *feel, become, seem, get, is, look* o *smell* y que se refiere a la condición del sujeto (He looks *pale*.)

Adverbio (adverb): palabra que modifica a un verbo, adjetivo u otro adverbio; contesta a las preguntas *¿Cuándo? ¿Dónde? ¿Cuánto? ¿Cómo?*

Adverbio atributivo (linking adverb): adverbio que se usa para unir dos oraciones independientes y para mostrar la relación entre ellas (We didn't like the show; *however,* we loved the music.)

Antecedente (antecedent): palabra o palabras en una frase a las cuales el pronombre se refiere

Apóstrofe (apostrophe): signo de puntuación que se usa para demostrar posesión, para formar la forma contraída o para formar el plural de muchos nombres o símbolos (several *8's* in this sentence)

Artículo definido (definite article): adjetivo determinante *the* que se refiere a uno o más artículos concretos

Artículo indefinido (indefinite article): adjetivos indefinidos *a* y *an* que se refieren a un artículo no especificado

Calificativo (modifier): cualquier palabra o grupo de palabras que se usa para limitar, calificar o añadir información al significado de otras palabras o partes de una frase

Calificativos imprecisos (dangling modifiers): locuciones u oraciones descriptivas que van unidas a palabras no apropiadas en una frase (*Holding hands, our dogs* went with us as we walked to the park.)

Caso (case): formas nominales, objetivas y posesivas de un pronombre personal (they, them, theirs)

Cliché: cualquier expresión trillada de la que se abusa y que se debe evitar en la redacción (cold as ice)

Coma (comma): signo de puntuación que sirve para separar palabras o grupos de palabras dentro de una lista o una construcción paralela, para separar elementos en una frase o para puntuar un saludo directo

Comillas (quotation marks): se usan para indicar los títulos de poemas, relatos y piezas musicales o para indicar las palabras exactas de alguien

Comparaciones (comparisons): adjetivos y adverbios que se usan para demostrar los grados de diferencia entre personas, lugares o cosas; existen tres formas: la positiva (tall, quietly), la comparativa (taller, more quietly) y la superlativa (tallest, most quietly)

Complemento del verbo (verb complement): palabra o grupo de palabras que se usa para completar el significado de una frase que tiene un verbo copulativo (They seem *unhappy about the movie's ending.*)

Concordancia sujeto-verbo (subject-verb agreement): el sujeto y el verbo deben concertar en cuanto a persona y número (*We are* leaving; *he is* staying.)

Conjunción (conjunction): se usa para unir palabras o grupos de palabras a otras partes de la frase y demostrar la relación entre ellas; los cuatro tipos de conjunción: copulativa, correlativa y subordinante, más adverbios atributivos

Conjunción copulativa (coordinating conjunction): palabra como *and, but, or* o *nor* que une dos o más elementos de igual rango en una frase (love and hate)

Conjunción correlativa (correlative conjunction): conjunciones copulativas que se usan en pares, como *both-and, either-or* y *neither-nor*, que unen dos o más elementos de igual rango en una frase y recalcan los elementos unidos (*neither* fish *nor* fowl)

Conjunción subordinante (subordinating conjunction): palabra como *how, although* o *until* que une elementos de rango no igual en una frase (We played indoors *until* the rain stopped and the sun came out.)

Corchete (brackets): par de signos de puntuación que se usa para encerrar adiciones a material citado ya encerrado entre paréntesis

Cursiva (italics): forma especial de letra que se usa para enfatizar; los nombres de barcos, naves espaciales y otros vehículos importantes; términos y expresiones extranjeros no comunes; o los títulos de novelas, obras de teatro, películas, óperas u otras obras importantes

Dos puntos (colon): signo de puntuación que representa una pausa más completa que el punto y coma, pero no tan completa como el punto final; se usa también con el saludo directo en la correspondencia formal

Elipsis (ellipses): serie de tres puntos finales que se usa para indicar que se ha omitido material de una cita

Forma comparativa (comparative form): se añade el sufijo *er* o la palabra *more* para demostrar las diferencias entre personas, lugares o cosas (taller, more quietly)

Forma condicional (conditional form): forma verbal formada por *may, can, will* o *shall* y otro verbo que expresa la intención de hacer o ser algo (I *could see* it if I had my glasses on; I *should get* them.); la forma condicional se puede usar con los seis tiempos

Forma positiva de comparación (positive form of comparison): adjetivo o adverbio base que se usa para indicar un grado o cualidad de algo en una persona, un lugar o una cosa (That boy is *tall*.)

Forma progresiva (progressive form): forma verbal que recalca la continuidad de una acción, un estado o una condición y no su conclusión (I *am seeing* it right now.); las formas progresivas se pueden usar con los seis tiempos

Forma superlativa de comparación (superlative form of comparison): se añade el sufijo *est* o la palabra *most* para demostrar diferencias entre personas, lugares o cosas (tallest, most quietly)

Fragmento (fragment): locución u oración que no expresa una idea completa y donde falta el sujeto o el verbo (the shuttle on the launch-pad—*no hay verbo*)

Frase (sentence): grupo de palabras que empieza con una letra en mayúscula, termina en un signo de puntuación final y expresa una idea completa (The shuttle will launch tomorrow.)

Frase compleja (complex sentence): frase que contiene una oración independiente y una o más oraciones subordinadas (*While giving her speech* [oración subordinada], she knocked over the microphone.)

Frase compleja-compuesta (compound-complex sentence): frase que tiene dos o más oraciones independientes y una o más oraciones subordinadas (She's not coming, and I don't know why *even though we're friends* [oración subordinada].)

Frase compuesta (compound sentence): frase que contiene dos o más oraciones independientes pero ninguna oración subordinada (She's not coming, and I don't know why.)

Frase declarativa (declarative sentence): frase que hace una declaración o pregunta

Frase encadenada (run-on sentence): dos o más ideas completas que están unidas sin puntuación (The shuttle is lifting off I'm getting great pictures.)

Frase simple (simple sentence): oración independiente sin cláusulas subordinadas; empieza con una letra en mayúscula y termina en un signo de puntuación final

Futuro perfecto (future perfect tense): tiempo verbal que se usa para expresar una acción, estado o condición que concluirá en el futuro (I *will have seen* the movie by then.)

Futuro simple (future tense): tiempo verbal que se usa para expresar una acción, estado o condición que transcurrirá en el futuro (I *will see* it soon.)

Género (gender): formas masculinas o femeninas de un nombre (chairman, chairwoman) o un pronombre (he, she)

Gerundio (gerund): forma verbal que termina en *ing* que se usa como un nombre (*Hiking* is great exercise.)

Guión (hyphen): signo de puntuación que sirve para unir dos o más palabras, nombres o números que funcionan como una sola unidad;

para unir algunos prefijos o sufijos a un nombre; o para dividir palabras en sílabas

Infinitivo (infinitive): forma verbal que se usa con la preposición *to* (to think)

Interjección (interjection): palabra que se usa para expresar una emoción fuerte o para llamar la atención del lector

Jerga (jargon): términos especializadas de una profesión que el lector general probablemente no entienda

Lenguaje género-inclusivo (gender-inclusive language): palabras o expresiones usadas para crear términos género-neutrales (fireman = firefighter) y para evitar el fomento de estereotipos masculinos o femeninos en la redacción

Locución (phrase): grupo de palabras relacionadas que no tiene una combinación sujeto-verbo (on the sidewalk, going down the ramp)

Locución con infinitivo (infinitive phrase): locución que incluye un infinitivo y se usa como un nombre (*To play with others* is a child's way of learning about the world.)

Locución preposicional (prepositional phrase): preposición más los nombres, pronombres, locuciones con gerundio u oraciones nominales que se usa como un adjetivo o un adverbio (That ball *on the floor* is glowing; set it *on the counter.*)

Modo (mood): uso de un verbo para expresar diferencias en la intención del locutor o redactor; los tres modos en inglés son: indicativo, imperativo y subjuntivo

Modo imperativo (imperative mood): se usa para órdenes y peticiones, normalmente con el sujeto *you* comprendido (*Give* me that pencil. *Ron, please hand* me that pencil.)

Modo indicativo (indicative mood): se usa cuando el locutor o redactor quiere hacer una declaración o pregunta

Modo subjuntivo (subjunctive mood): se usa con una forma distinta de los tiempos presente y pasado de un verbo para expresar asuntos de urgencia, formalidad, posibilidad o especulación (If I *were* [no *was*] queen of the universe, things would be different.)

Nombre (noun): palabra que se refiere a una persona, un lugar o una cosa (wisdom)

Nombre colectivo (collective noun): palabra que se refiere a un grupo de personas, animales, objetos u otras cosas (family)

Nombre común (common noun): palabra que se refiere a una categoría general y no lleva mayúscula (machine)

Nombre posesivo (possessive noun): palabra que se usa para indicar propiedad o relación (company's stock)

Nombre propio (proper noun): palabra que lleva mayúscula y que se refiere a una persona, un lugar o una cosa concreta (John Wayne)

Número (number): forma singular o plural de un nombre, pronombre o verbo (car, cars; his, theirs; she drives, we drive)

Objeto directo (direct object): palabra, locución u oración que recibe la acción del verbo (They mailed the *package*.)

Objeto indirecto (indirect object): palabra o un grupo de palabras que recibe la acción del sujeto (Carl gave *him* the medals.)

Oración (clause): grupo de palabras que contiene una combinación sujeto-verbo; las oraciones independientes expresan una idea completa (he lifted the box), mientras que las oraciones subordinadas expresan ideas incompletas (while he lifted the box)

Oración independiente (independent clause): grupo de palabras que tiene una combinación sujeto-verbo y expresa una idea completa (I gave at the office.)

Oración no restrictiva (nonrestrictive clause): oración que añade información adicional acerca de una persona, lugar u objeto, pero que no es esencial al significado de la frase; va separado por comas del resto de la frase (The soup, *which is really spicy,* is a good appetizer.)

Oración restrictiva (restrictive clause): oración que proporciona información adicional acerca de una persona, un lugar o un objeto y que es esencial al significado de la frase; no va separado por comas (The menu *that we use on weekends* has no breakfast items.)

Oración subordinada (subordinate clause): grupo de palabras con una combinación sujeto-verbo que no forma una idea completa (When dinosaurs traveled in herds . . .)

Palabras de moda (buzzwords): términos que se usan mucho durante una temporada y que normalmente provienen de diferentes profesiones y se han adoptado en el uso común (dicey, rip-off)

Paréntesis (parentheses): par de signos de puntuación que se usa para encerrar material que constituye una interrupción del texto pero que añade información

Participio de pasado (past participle): forma verbal creada añadiendo *ed* a la forma base de un verbo regular (laugh, laughed) o usando la forma especial de un verbo irregular (do, done); se usa para formar tiempos verbales (I *have done* nothing for several days.)

Participio de presente (present participle): forma verbal que se crea añadiendo *ing* a la forma base del verbo (do, doing); se usa para formar tiempos verbales (I *am doing* nothing right now.)

Pasado (tiempo) (past tense): tiempo que se usa para indicar acciones, estados o condiciones que concluyeron en el pasado (I *watched* it.); se forma añadiendo *ed* a la forma base o usando la forma especial de un verbo irregular (It *went* away.)

Pasado perfecto (tiempo) (past perfect tense): tiempo que se usa para expresar una acción, un estado o una condición que concluyó en el pasado antes de otra acción o hecho en el pasado (I *had seen* it twice before it *disappeared*.)

Persona (person): pronombre usado para indicar el locutor (I, we), la persona a quien el locutor se dirige (you), o la persona o cosa de la cual el locutor habla (he/him, she/her, it/they)

Predicado (predicate): grupo de palabras que incluye un verbo y describe o explica el tema de una frase (The first train *came around the bend much too fast*.)

Predicado compuesto (compound predicate): dos o más verbos, objetos o complementos que están unidos por una conjunción copulativa (The runner *started out in front but finished last*.)

Prefijo (prefix): parte de una palabra que se añade al principio de la palabra y que cambia el significado (*pre* + heat = preheat)

Preposición (preposition): palabra conectora que muestra la relación entre palabras en una frase

Preposición compuesta (phrasal preposition): preposición que consiste en más de una palabra (because of, in spite of)

Presente perfecto (present perfect tense): tiempo verbal que se usa para expresar una acción, un estado o una condición que transcurrió en un tiempo indefinido del pasado o que continúa hasta el presente (I *have seen* it many times now.)

Presente simple (present tense): tiempo verbal que se usa para expresar una acción, un estado o una condición que transcurre en el presente (I *see* it.)

Pronombre (pronoun): palabra que reemplaza un nombre o un grupo de palabras que actúan como un nombre (*The garbage truck* always arrives early. I never hear *it*.)

Pronombre demostrativo (demonstrative pronoun): pronombre como *this* o *those* que se usa para indicar cercanía o distancia del locutor (He gave us two boxes. *This* is mine.)

Pronombre indefinido (indefinite pronoun): pronombre como *all, any* o *some* que se refiere a personas o cosas no especificadas (*Any* clue will do.)

Pronombre interrogativo (interrogative pronoun): pronombre como *who, whom, whose, what* o *which* que se usa para introducir una pregunta (*What* was I thinking?)

Pronombre personal (personal pronoun): palabra que reemplaza un nombre e indica persona, caso y género (Glenda is a good witch, but *she* has an evil sister.)

Pronombre relativo (relative pronoun): pronombre como *who, whom* o *whose* que se usa para evitar la repetición del nombre

Punto final (period): signo de puntuación final que se usa al final de una frase completa, que puede ser una declaración, una orden o una petición

Punto y coma (semicolon): signo de puntuación que representa una pausa más fuerte que una coma, pero no tan completa como dos puntos o un punto final

Raya (dash): signo de puntuación más largo que un guión que se usa para indicar una pausa en el pensamiento o la adición de datos

Signo de exclamación (exclamation point): signo de puntuación final que se usa para expresar una emoción fuerte o para llamar la atención del lector

Signo de interrogación (question mark): signo de puntuación final que se usa en una frase que hace una pregunta directa

Sufijo (suffix): parte de una palabra que se añade al final de la palabra y que cambia el significado (break + *able* = breakable)

Sujeto (subject): nombre, pronombre, locución u oración que sirve como el tema de la frase

Sujeto completo (complete subject): nombre o pronombre y todos sus calificativos que sirven como el tema de la frase (*The rotting old willow* finally split in two.)

Sujeto compuesto (compound subject): dos sujetos unidos por *and, or* o *nor* (*Pete and Vinnie* drove home.)

Sujeto simple (simple subject): un nombre o pronombre que sirve como el tema de la frase (The young *conductor* is changing the sound of the orchestra.)

Tiempo (tense): formas verbales que se usan para indicar si una acción o un estado transcurre en el pasado, presente o futuro (was, is, will be)

Verbo (verb): palabra o grupo de palabras que se usa para expresar una acción, un estado o una condición

Verbo auxiliar (auxiliary verb): verbo como *has, am, were* que se usa con el participio de pasado o el participio de presente para indicar un cambio de tiempo o forma (he walks; he *is walking*) o un cambio de voz (we told; we *were told*)

Verbo irregular (irregular verb): un verbo cuya forma base cambia al formar el participio de pasado y/o el pasado (draw, drew, drawn)

Verbo regular (regular verb): verbo que mantiene la misma base independientemente de cambios en la forma o el tiempo (work, working, worked, have been working, will work)

Voz activa (active voice): el sujeto de la frase realiza la acción (I *delivered* the book.)

Voz pasiva (passive voice): el sujeto de la frase recibe la acción (I *was given* a book.)

Índice temático